U0361153

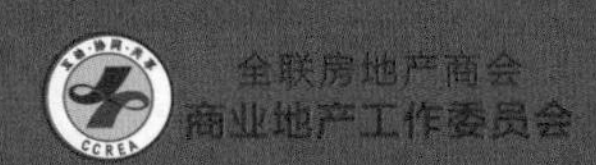

行业重点推荐专业读物

商业地产新运营

不一样的

破局思维

COMMERCIAL PROPERTY

THE NEW CONCEPT OF GROWTH

索珊 著

机械工业出版社
CHINA MACHINE PRESS

在一个底层逻辑已经改变的时代，商业地产如何实现持续创新与持续增长？增量时代，消费革新，运营为王，数据领先……转型时代众声喧哗，繁花乱眼，实体商业如何在变幻莫测中厘清思路、立足自身？如何真正看见消费者，感受消费者，回归为消费者创造更多体验的初心？数字化、新技术如何能帮助实体商业获得新的增长？作者索珊多年来置身于国内商业地产开发与运营一线，这本书不仅记录了她在领域内的所思所感，更直面商业人最普遍也最棘手的问题，力图从“认知升级”的层面帮助从业者进行一场思维模式的变革。

图书在版编目（CIP）数据

商业地产新运营：不一样的破局思维 / 索珊著.—北京：机械工业出版社，2023.4（2025.5重印）

ISBN 978-7-111-72996-9

Ⅰ.①商…　Ⅱ.①索…　Ⅲ.①城市商业-房地产开发-运营管理　Ⅳ.①F293.35

中国国家版本馆CIP数据核字（2023）第065523号

机械工业出版社（北京市百万庄大街22号　邮政编码100037）
策划编辑：曹雅君　　　　责任编辑：曹雅君　蔡欣欣
责任校对：薄萌钰　陈　越　　责任印制：任维东
北京利丰雅高长城印刷有限公司
2025年5月第1版第2次印刷
170mm×242mm・15.5印张・1插页・225千字
标准书号：ISBN 978-7-111-72996-9
定价：89.00元

电话服务　　　　　　　　　网络服务
客服电话：010-88361066　　机　工　官　网：www.cmpbook.com
　　　　　010-88379833　　机　工　官　博：weibo.com/cmp1952
　　　　　010-68326294　　金　　书　　网：www.golden-book.com

机工教育服务网：www.cmpedu.com

业内推荐

认识索珊超过20年，我们这一代人特别幸运，经历了中国商业快速发展的20年，在这个过程中见证了太多商业项目的成长、竞争的过程，到今天已经有些项目开始随着城市的发展遇到问题，也在寻找各式各样的突围方式。在这个过程中，我们这一代从业者从学习国外商业到借鉴优秀案例，到自主突破创新，经历其中，精彩万分！这其中的学习、观察、参与、打磨、总结，总会有很多的体验和经验。索珊的这本书从多个角度介绍、阐述、解构经典案例，伴以商业发展过程，并对具体问题给予中肯建议。尤其在当前数字时代，在很多从业者开始感到迷茫的时候，对如何以运营思维用好数字化红利，如何调整自己的经营模式来适应市场等问题，为当下竞争环境中商业项目的运营管理提供了新的思路。我觉得非常值得仔细研读，当你推敲其中案例，细细品味，会从中找到中国商业发展的一些缩影。

——*万达商业管理集团有限公司常务副总裁　王志彬*

索珊老师的这本书，既有对商业地产运营的框架性与底层性思考，又处处闪烁着细节性启发与灵感火花；既能看到她通过常年阅读从大师名家那学到的精华，又能看到她通过一线实战与观察萃取而得的原创性思考。虽只一份内容，但值得商业地产运营人士、品牌操盘手等不同角色同时开启阅读、各取所需，相信必各有所得。

——*虎嗅网创办人　李　岷*

很久以来，趋势被视为商业创新的重要源泉。因为疫情这个黑天鹅事件的影响，消费趋势以及围绕人群的社会文化趋势的重要性，在过去一段时间被忽略了。但回归商业的本质，商业活力一定来自于对消费趋势的把握以及需求的满足，同时也基于这两点不断持续的创新。

作者长期关注商业趋势追踪与创新行动机会。在疫情后什么样的内容决定着商业的活力？什么样的技术能够真正地提高效率？在投入产出上什么是可能的最好的做法？在中国以外的市场有什么不同的实践和商业逻辑？这本书都在尝试给出面向未来商业问题的解答。

创新需要更多的时间来思考。基于市场的数据来思考，基于消费市场需求的反馈来思考，基于过往的案例以及其他市场的成果来思考；商业的创新也需要多观察，需要去看更多的数据的对比。需要去看日本、新加坡、法国的一些更加符合商业逻辑的长期主义者最终完成的经典项目。创新更需要放下，放弃那些看起来很美，能够快速催熟膨胀的市场因素；放掉那些充满诱惑的，看起来好像很美的短期机会。用更长远的眼光，去审视我们所处的时代，去审视我们应该去做的回归本源的事情——创新与运营。在短期主义风潮盛行的时代读一本关注长期主义的书的确让人如沐春风……

——爱琴海集团副董事长　张华容

全球化经济生态使得未来的发展更加复杂多变，于当下讨论“增长”十分必要，不是关注增幅与数字，而是思考“重新创造”。我一直认同一个好的商业体务必要契合消费者的真实需求，以解决问题的心态进行价值定位，并以此指导业态、功能与产品规划。对于中国商业地产与商场经营，过往更多地关注建造起来，而不是用好、经营好，这些问题属于专业范畴，技术可以解决。未来的挑战在于全局思考、协同与科技应用。无论从消费基数还是城市空间的再挖掘，都必然有着发展机遇，创新可以通过价值链整合、场景再造，也可以通过更广域、多元数据的挖掘，或是组织机制再造，可增长的途径一定是多条且复合的。推荐阅读此书，在更多人关注“术”的问题时，提供了更底层与本质、全局与协同的思考方式。

——德勤咨询政府及公共行业主管合伙人　马炯琳

推荐序

本书作者索珊与我相识多年，她供职的睿意德商业地产智库又是我们协会的副会长单位，因此无论是她本人还是睿意德，我都是比较了解的。我们协会经常召开各种各样的行业研讨会，索珊时常代表公司前来发言，她的分享与交流不仅案例多、接地气，而且她还善于提炼与概括，给人启发。特别是近些年，协会与睿意德联手编写一年一度《中国商业地产行业年度发展报告》，每次在起草报告期间，我们双方团队都会进行数次头脑风暴，我都会认真听取她对于行业的观察与见解。现在，她要把她多年累积的观察与思考写书出版，这自然是件好事，我很乐意为她写序推荐。

当前，商业地产领域正在发生深刻变革，行业出现了三个重大转变：从重数量转向重质量，从重开发转向重运营，从重增量转向重存量。本书聚焦于运营增长，抓住了行业的本质与企业的痛点。商业地产与住宅地产有很大不同，住宅地产的价值主要是由区位、环境与硬件决定的，而商业地产的价值最终取决于运营水平，资本市场是按照商场的客流与现金流来对物业估值的。这些年，行业内普遍呼吁国家出台 REITS（商业资产证券化），这当然是商业地产投融管退闭环中的重要一环，但是，我也常常与企业家说，你在等 REITS 的同时，REITS 何尝不在等你！你的资产回报达到资本市场要求了吗？这一诘问的背后就是个运营问题。

关于当前商业地产行业运营存在的问题，书中认为是“高速增长掩盖了一切”。更准确地说，商业地产的问题是被住宅的高增长、高暴利掩盖了。中国商业地产的主流发展模式是城市综合体，就是说开发商是以商业名义去拿地，其实惦记的是利润丰厚的配套住宅。然后，再用住宅销售的利润来覆盖或补贴商业地产成本。这让我想起钱钟书先生在《围城》中所说的：就好比娶阔佬的女儿做太太，其本意并不在女儿本人。前些年住宅市场红红火火，开发商赚得盆满钵满，商业地产的经营不善就这样一直被掩盖或者忽视。

其后国家针对住宅地产展开了持续的强力调控，开发商这才把注意力转移到了商业地产，而三年疫情恰好把隐藏的商业地产问题的盖子揭开了。好比当潮水退去的时候，人们发现很多人在裸泳。许多商业项目不仅没有成为摇钱树，相反正在成为企业的包袱，一点点蚕食之前的住宅收益。与此同时，市场也出现了明显的分化，一批运营管理扎实的头部企业依然一路高歌猛进。因此，在这个时候让行业聚焦一下运营增长，我并不觉得有任何违和感，反而认为正当其时。

作者在书中提出要真正看见消费者，这一点至关重要。商业运营毫无疑问要以消费者为核心，但是要真正洞察消费者是需要功力的，许多网红品牌只能昙花一现。今天互联网时代的消费者完全不同于过往，他们在消费理念与消费行为上已经发生了许多深刻的改变。早年，我们单纯地追逐品牌，盲目地迷信品牌，最典型的场景是穿杰尼亚西服时总舍不得把袖口的商标剪掉，人们拿个摩托罗拉的砖头手机总是站到高坡去打，这种消费带有很强的炫耀性消费特征，卖A货的市场租金直逼正品奢侈品商场。而今中国市场已经是个品牌、品质、品位兼具的成熟市场，作为运营者要敏锐地把握消费自信与消费升级下蕴含的新商机。

在运营理念与模式上还要有新思维。对于商业而言，过去讲创新是锦上添花，而今已经事关生死存亡。因为商业已经是一片绵延不绝的红海。仅凭一些新概念已经忽悠不了消费者了。根据这些年的调查与研究，我认为商业运营方面正呈现三个创新趋势：全零售、新零售、心零售。“全零售”是指要线上线下全渠道发展；“新零售”是指要发展新业态、新模式、新场景；“心零售”是指要发展有温度、有文化的商业。同时，还有三个特征：无创新不商业，无年轻不商业，无链接不商业。

作者在书中对于运营思维有许多新的理解与新的提法，比如：消费者变化的不是需求，而是需求排序；提出构建五个新KPI；购物中心要从品牌视角转变为消费者视角，购物中心要从生活场转变为体验场等。有的是她自己独特的见解，有的与我的观点也是异曲同工，还有的是对行业实践做了理论的提升。谈运营的书往往容易写得枯燥与广告化，通常都是自己操盘项目案例的堆积。但是我粗读书稿时，却感到耳目一新。全书叙事视角宏大，有高度、有宽度，还有深度，体现出了作者独特的专业洞察力与深厚的文字表达能力。

这些年，全国商业地产的开发是高歌猛进，但是运营明显滞后于开发。有哲人曾经说过：让我们放慢脚步，等等我们的灵魂。套用到商业地产行业，如果开发是我们的脚步，那么运营就是灵魂。

是为序。

全联房地产商会商业地产工作委员会会长

自 序

有句话这样说:“高速增长会掩盖一切问题。”然而，它并没有揭示真相。并不是高速增长掩盖了问题，而是在高速增长期，人们主观上忽视了或者说是放任了问题的存在，这些问题的积累会逐步暴露，也会在突发事件来袭的时候带来“致命一击”。

近 3 年，国内的零售业与实体商业进入了不同以往的逆水行舟的境地，不得不进行深刻的反思。在我看来，这正是作为与地产伴生的中国商业地产，在国内城镇化率和消费提升的背景下，处于增量期时追求规模化与双位数增长而忽略了对于本质的一些思考。2022 年，由于疫情管控带来的场所不定期封闭，无论是客流量还是营业额，下降幅度普遍超过 50%。

在地产的高速增长期，商业地产入市量也是一再攀升，这期间掩盖了哪些问题?

最大的问题是对商业地产定性的问题，地产增量期，商业地产往往被视作盈利杠杆，关注概念和营销，却忽略产品力的打造。于是出现了按地产盈利情况要求商业盈利，一条产品线无论市级商圈、副中心还是新区，都企图为地产带来溢价，却无视商业地产项目是否开得出、活得下。商业地产项目是需要长期主义视角才能做好的产品，这个属性问题在地产增量期，就是诸多地产企业主观忽视的问题。

商业地产作为实用空间却被先设计再讨论用途，然而，在国内招商就要面对国际性和全国性连锁及品质品牌资源并不丰沛的局限性，而且越是高端的定位，可选择的品牌就越有限。改造适应业态和商户需求的地产项目，就要继续投入不小的成本；不削足适履，势必落到烂尾和废弃的境地。行业内有句笑话:

“有些项目是建出来的，有些则是改出来的，因为一出生就不适用。”增量市场中出现了众多的无效供应，正是大力建设而忽视产品力的短视造成的。

产品线是在工业化时代追求规模化发展的产物，商业地产除了满足基础消费功能外，更在消费升级与提质期强调以“人”为中心的便利化、体验化，乃至空间场景与精神的暗合。企业追求的规模化与“以客户为中心”的人性化、个性化的非标准化产品间存在矛盾，这个问题在全国性发展的商业集团中终将愈加凸显。

高增长期要有执行力，存量的精细化运营要向下授权，激活团队的创造力，企业的战略匹配不同的文化、架构、流程和机制，需要更灵活的转变与变形，这些问题也会在当下变成“早些……就好了”的句式。

问题总是点状的，不系统化思考、不从本质思考、不解决根本问题是不行的。商业的本质、模式，战略发展与组织的关系，产品观、企业观和发展观，如果不拉长周期、不以更高的视角看，无论如何也是思考不清的。

不论是在与业内朋友的交流，还是受邀做行业分享，“如何获得增长”可以算得上是高出镜命题，这其中有对未来不确定性的焦虑，也有对新现象、新认知无法解读的无力感。在我看来，这样的问题是以结果发问，依然是忽视问题而一味地要结果的心态。这样的心态不但不利于解决已经存在的问题，也无助于解决新出现的问题。

线上线下的讨论余音未尽，疫情期间品牌与商场已经敞开怀抱拥抱电商，然而，费力拉起的流量却又迅速流失，线上运营畏惧线下，线下也对线上流量的维持苦恼万分，问题到底出在哪儿?

产品线化发展遇到瓶颈，轻资产被视为未来。然而，优质资产的稀缺，原有团队的甲方心态转换后，“服务好业主”却是知易行难。凭借开发实力积累起的品牌，在运营能力上成长不够，对市场的认知存在障碍。如何塑造高品质的商业运营品牌呢?

面对层层叠加的问题，要达成增长的目标，就要一边谋划着创新，一边解决问题。

创新是什么？是在不确定中实现了确定的价值，将确定的共识予以推进，将不确定的逐步转为更确定的，实践未果时反思再前进。创新是一个过程，是从概念、理念到执行的闭环，从愿景生发到落地和持久运营期间，不管人为还是客观，都有数不清的影响因素，是很难的一段路程。

创新不是一时的灵光一闪，更不是一招鲜。存量市场竞争压力大，说到底比拼的是企业应变与创新的能力，这两种能力是实践的能力。应对内部发展、外部环境与周期的变动，企业需要能动地在方向与目标的探索、原认知的改造、组织实践的持续反馈中获得这两种能力的验证与延展，活着就是获得能力持续发展的这种资格。所以，触动、思辨、打破或塑造、实践、再触发就是企业存活的系列动作。

如何获得创新？如果认同“不确定就是最确定的”，识别“新势力”就成为识别创新的重要途径之一，这个“势力”指的是变化中的不变，也是转折中的信号，也可能是一种新的变革之力。识别就是着眼于这些不同立意或层次看待问题和解决问题的认知过程。经过了开发的快速增长期，商业到底附属于地产，还是应算作是资产或城市资源的持续运营，行业人在低增长和疫情的冲击下进行了这样的思考。有别于过往在增量和存量间寻找经验以期复用的投机心态，这段思考需要“反经验”和拉宽认知域，创新技术和互联网的思维方式，对于我们就经济周期的发展态势、自我进化视角下的组织再造与转型的认知提出了有别于以往的挑战，这种挑战是去除杂音回归本质的思考，起于问题，止于解答，也将中国商业人的思考与实践能力要求迅速提升到了新高度。输出倒逼输入，为了提供创新价值，代合作伙伴提前思考和提出应对措施，作为咨询从业者需要提前预演未来，这就是这本书的内容得以产出的原因，集结成册也算是一个特殊阶段的行业回想。

当遇到团雾不辨方向时，不如站定思考清楚。可能由于职业原因，凡事转到背后看一看已经成为一种思维习惯。我也很反对“非黑即白”的断言，真实的商业世界里更多的是规则，而不是原则。原则是“不这样就错”，规则是“这样做应该有效”。将一切绝对化，也就无法再深入思考“为什么”和“怎么做”，只能原地打转了。在给行业每年一篇的文章中我都会感知当下，思考未来，于前行的路上提出一个关键词，试图用 B 面给到站在 A 面的行业人一些不同的视角。

以“创新”和“增长”统领全书，并不是对自我思想的标榜，更多的是指“驱动”和“目标”。触底总会反弹，这是事物的发展规律，也是经济周期的规律。是于暗夜戚戚徘徊、抱怨，还是吸收磨炼，以图再登高？如果认同当下是未来的起步，答案就显而易见了。纵观全球创新与发展的历史，我们不得不承认，无论大环境与行业是高速增长还是增长停滞，总有一些优秀的企业实现了创新与增长。与其迷惑，不如思考。

将自己的思考呈现于行业和市场，我也是鼓足了勇气。我也深信，这本书的内容可以给大家带来一些不一样的角度和启发，但毕竟思考清楚自己以及思考自己对他人的影响，其实是不容易的事情，需要多听听他人的反馈，辩证地吸收。

在外部环境造成的不确定性被极度放大的当下，“内卷”变得身不由己。企业与行业既对未来心存希冀，又对如何达到缺乏认知。历史的车轮总是滚滚向前，不要沉溺其中，深思、起身远眺，在不知道“为什么”的时候，需要回到“是什么”和“目标”下进行思考。

本书并不是工具书，也不是理论研究著作，我很想凭借文字呈现的这些思考与读者进行关于当下、行业和未来的一些探讨，您可以从头读起，若对中间篇章感兴趣也不妨直接翻阅。尽管我在写作过程中，力求清晰、简洁，但也一定有可以再优化的空间，欢迎大家指摘与反馈。

最后，要感谢带我进入商业咨询领域、从业多年来的良师益友张家鹏先生，若没有他一直以来的引导、启发与教诲，也不会有我在行业的不断前行和思想的文字呈现。感谢与我在 RET 睿意德长期共事的工作伙伴周雷亚、石俊东、周长青、王燕卿、李静雅，那些看似日常的探讨与争论都是触发我思考的重要场景，正是在与你们的交流、碰撞中，诸多初期不成熟的想法才会在质疑与反馈中得以完善和优化。感谢梁隽，正因她的支持与辛勤付出，才使得这本书能与您见面。

索珊

2023 年 1 月

目　录

业内推荐
推荐序
自　序

第一章　增长还可以持续吗

一　商业地产：创新创造增长 / 002
1　7种武器看创新：信心可以有 / 003
2　“平台”位置看创新：利润有限，聚焦提效是关键 / 009
3　5个实现创新增长的底层逻辑 / 014
4　小结 / 019

二　不“被焦虑”，从几个关键词里寻找增长机遇 / 020
1　看当下：我们的商业真的令人满意吗 / 021
2　看未来：实体商业将维持不变的“稀缺性”和“独占性” / 022
3　朝向未来的准备 / 026
4　小结 / 029

三　激活城市的商业活力，最关键的“抓手”何在 / 030
1　城市经济的硬实力，并不决定其商业活力 / 031
2　什么是城市商业活力的真正内涵 / 036
3　新样板城市都做对了什么 / 040
4　小结 / 043

四　对比美国2022年趋势思考国内商业现状与未来 / 044
1　趋势1：实体店仍然是零售购物的关键力量 / 044
2　趋势2：缩小在线购物和店内体验之间的差距 / 045
3　趋势3：购物在社交媒体上风靡一时 / 046
4　趋势4：配送服务的“实时交付”比例更高 / 046
5　趋势5：缩减和更精选的分类 / 047
6　小结 / 048

在市场一片冷清中谈增长，似乎有点违和。严冬的寒气还在传递，这是事实；但消费热点不断涌现，实体商业基础依然扎实，这也是事实。未来或许并不清晰可见，但对未来的想象与信心，却可以成为所有行动的根基。

第二章 增长新核心：为消费者创造价值

产品化、场景化、数字化、证券化、轻资产……商业地产在不断演进变化，其关注的热点也不断转变。但最终，行业应该回归到为消费者服务的初心，从为消费者创造价值为基点再出发，塑造消费体验。

从前的商业，主要解决人们的衣食住行问题；现在的商业，则要倾听人们的心声，用种种创新丰富和提升人们的体验。这样的挑战，商业人应该如何应对？

一 存量时代的增长核心：创造以客户为中心的“体验场” / 050

1 存量时代的增长困惑 / 050

2 增长难点何在 / 052

3 购物中心下一轮创新：打造“体验场” / 055

4 小结 / 060

二 可持续的增长 = 消费者 + 运营效率 / 062

1 新运营时代，消费者满意度调查已经不适用了 / 062

2 数据挖掘、分析能力+消费体验提升，CEM进入眼帘 / 064

3 解决方案的正确路径 / 064

4 咨询+产品，客户体验管理的价值交付组合 / 067

5 小结 / 070

三 5 个新 KPI，激发购物中心运营活力与创新 / 072

1 当下普遍采用的KPI指标有哪些 / 072

2 KPI合不合适，先看购物中心运营目标是啥 / 074

3 建立针对“利于转化的消费体验提升率”的绩效体系 / 075

4 5个值得关注的新KPI标准 / 075

5 小结 / 078

四 抓不住快变的消费趋势？给购物中心的 5 条实用建议 / 079

1 消费“快变”之后的底层逻辑 / 079

2 5个建议帮助看清消费表象后的“人” / 080

3 小结 / 085

五 新零售时代，如何重新评估男女顾客的消费决策差异 / 086

1 一切都在大脑中：男人在执行任务，女人在旅途中 / 086

2 更实用还是享乐主义 / 087

3 女人喜欢打猎，男人想要快速而轻松的过程 / 088

4 女性为“乐意”付费，男性重视事实和数据 / 088

5 男人忠于品牌，女人忠于优质的服务 / 089

6 男人更有可能在移动设备上购买 / 089

7 良好的客户服务？女人想变得重要，男人想快速摆脱困境 / 089

8 小结 / 090

六 制造消费者：消费主义全球史为我们带来什么启示 / 091

1 从物物交换到钱物交换，商品是什么 / 091

2 从几便士到几百美元，品牌是产品重生的魔法棒 / 092

3 市场营销，让人“上头”的学科 / 094

4 符号让“和他一样”成为恐惧 / 094
5 商品的发展史就是消费的历史 / 095

七 重新创造消费者 / 097
1 为什么要“重新”创造消费者 / 097
2 新消费更动脑、更走心 / 099
3 重新创造消费者需要“第二层思维” / 100
4 看清消费者后，我们该做些什么 / 101
5 在可增长空间内，商业要抓住不变来应变 / 102
6 以“增长”为目标，就是极致地以人为中心 / 104

第三章 增长创空间：场景营造的目的与途径

一 中国商业格局重构下的新场景定义与搭建法则 / 108
1 新现实背景下的新现象 / 109
2 “认知溢价”时代的商业特性 / 110
3 什么是新场景 / 111
4 新场景法则的应用 / 113
5 忌与宜：需要关注的原则 / 114
6 数据：底层的支撑 / 115

二 问对 10 个问题，让商业规划不走弯路 / 117
1 化描述为尺度 / 118
2 分层逐级共识目标与原则 / 118
3 10个问题引导各方快速形成商业方案共识 / 121
4 结语 / 123

三 作为非建筑师，商业咨询师如何练就空间建构能力与鉴赏力 / 124
1 读书的意义：审美以“秩序”的样貌呈现 / 125
2 练习解构：在解构、重构下复原设计要达成的目标 / 125

正如许多人预言，互联网如洪水猛兽，摧枯拉朽，席卷一切。

出乎许多人预料，互联网并未让实体商业死亡。相反，融入了互联网基因后，实体商业奇迹般显出新的活力。

所以，不是实体商业不行，而是一些实体商业人的认知结构过时了。商业增长的底层逻辑已变，山不是山，水也不是水。同样，空间、场景、设计……在各个我们原本认为“理所当然”的领域，规则悄悄改变——变得更贴近消费者本心，更贴近商业的本质。

第四章 增长新途径：如何让“数据”变成力量

一 2017 年国内实体商业进入精明增长期，我们如何让运营更聪明 / 130
1 为什么实体商业需要“精明式增长” / 131

2 精明增长期如何增长 / 133
3 小结 / 134

二 4 个事实推动实体商业跨越式发展 / 135
1 4个事实奠定未来商业变化的基础 / 135
2 实体商业的4个未来图景 / 137
3 应对未来的探讨 / 139
4 小结 / 141

三 90% 的投入都失败了，5 个数字化落地的重要经验和教训 / 142
1 决定数字化投入前，与战略同等重要的是先确定业务策略 / 143
2 放大内部人员的价值杠杆 / 144
3 以外部视角设计客户体验 / 144
4 意识到员工被替换的恐惧 / 145
5 将硅谷的创业文化带入内部 / 145

商业的本质是体验，当新技术的出现、发展和迭代，使得“人、货、场”的连接方式发生了变化时，商业可以提供的体验将会从传统的二维、三维，转变为更加丰富的“全息式的体验”。在商业创新的时候，大数据、云计算、物联网、人工智能、智慧物流及互联网金融等新技术，将重塑人、货、场三者的关系，深刻影响整个商业生态。

第五章 商业新运营：推动增长的力量

一 从主理人到企业家，新商业运营人的 6 种能力 / 148
1 商业运营的时代演变 / 148
2 商业运营的难题 / 149
3 技术带来的能力变化 / 151
4 新商业时代，新运营人的能力模型与角色变化 / 152

二 如何打造高品质的轻资产商管品牌 / 153
1 商管公司品牌打造背后的4个困惑 / 153
2 当我们说要打造高品质商业运营服务品牌，本质上是希望获得什么 / 154
3 商管公司的品牌打造，离不开产品主义精神 / 155
4 打造商管公司品牌，究竟该是谁的责任 / 157
5 小结 / 158

三 经济放缓，购物中心要不要缩减营销预算 / 159
1 最简单直接的降本方式容易适得其反 / 159
2 经济放缓，营销的意义在哪 / 161
3 真正该解决的问题是购物中心如何找到营销的价值 / 163

商业运营正在变得更加重要，许多地产公司的商业运营部门被调整到与开发同等重要的位置；专业商管团队也接到越来越多的邀约。在未来，中国购物中心运营者的角色，将从采购和促销员逐步成为整个购物中心价值的盘活者、创新的激发器。其实，这就是企业家的角色。

面向未来，无论是开发企业的运营部门，还是咨询机构的第三方团队，运营人都需要提升多元认知力、把控力和商业洞见，需要以深度思考力和不息创新的精神，与合作伙伴相互启发，共同探索，一起促进行业的高质量发展。

四 快速招商成功的谈判法则 / 165
1 什么是谈判 / 165
2 谈判力公式 / 166
3 向谈判专家学经验 / 167
4 准备充足，也要警惕招商谈判中的“败点” / 169

第六章 商业增长与城市更新

一 当我们说到城市更新，该如何让文化落脚 / 172
1 法国里尔：有600年历史的酒店，带你走入“博物馆奇妙夜” / 172
2 东京中城：日本城市再生代表作 / 175
3 新现实 / 178
二 摆脱不了“行政干预”的核心区商业街改造如何创生 / 179
1 “创生”的第一理念 / 179
2 立项前确定开发、运营主体及机制 / 181
3 城市更新的4个关键 / 184
4 常见的城市更新手段 / 188
5 一点思考 / 189
三 新现实下的社区商业创新思考 / 191
1 国内商业地产的“新现实” / 191
2 中国社区商业的发展现状与角色的重新定义 / 193
3 社区商业创新启示 / 194
4 社区商业创新思路 / 196
四 再造魅力家乡：日本传统街区重生案例 / 197
1 小樽：你的家乡可能也有一条这样的河流 / 198
2 足利：一群中小企业主推动家乡再生的责任感 / 201
3 津川：发掘区域文化的独特唯一性 / 203
4 小结 / 205

城市为什么要改造更新？因为要再生，再次生发对城市发展有新价值的机能和空间。街区改造、商业街活化、都市再生……涉及核心区商业街改造的概念繁多，但探究下来都是“软硬”不适配带来的资产价值贬损，即硬体空间或建筑与城市发展总体经济水平、消费需求这些软性变化不再匹配，造成运营效率低下。原有的经营增长失速，因此需要重新塑造和激活，为重新使资产价值与地段价值相符而引发的系列工程。这就是城市更新的意义和价值所在。

第七章 增长多色彩：商业需要“拿来主义”

一 现代都市的烟火气，隐藏50年的新加坡社区商业典范 / 208
1 从“东方芝加哥”到社区温情地 / 208
2 未来的提升空间 / 215
二 日本商业为何如此迷人 / 218
1 商业设计哲学 / 218
2 以人为尺度的细节 / 219
3 匠心是生命力的源泉 / 222
三 玫红色的法国老佛爷，朱红色的国内百货，两者到底有何差距 / 224
1 生存优越感与适者生存的压力 / 225
2 让时尚属于每一个人 / 225
3 博物馆馆长与二房东 / 227
4 为朱红添些柠檬黄 / 227

在国内，实体商业被瞬息万变的新技术、层出不穷的新业态、争奇斗艳的新品牌重重加持，极是华丽夺目。但当抛开所有亮丽的包装，里面的内核似乎有点欠缺滋味。此时，我们不妨打开视野，看看世界各国的经验与心得，比如以“人”为尺度的人本精神、对土地经济利用的精确设计、融化在细节中的服务品质、留存区域历史文脉的乡土振兴……

第一章
增长还可以持续吗

章前语

在市场一片冷清中谈增长，似乎有点违和。严冬的寒气还在传递，这是事实；但消费热点不断涌现，实体商业基础依然扎实，这也是事实。未来或许并不清晰可见，但对未来的想象与信心，却可以成为所有行动的根基。

一　商业地产：创新创造增长

导语　对于企业来讲，不持续创新就是在计划失败。

伴随中国经济进入常态化发展，互联网技术为我们描绘出了一幅万物皆可指数化增长的蓝图。增长放缓、需求快变、增量转存量、竞争加剧，传统产业纷纷迅速启动转型谋求变革。商业地产受地产开发红利期快速增长的惯性影响，面对变革似乎正在经历急刹车，如何应对变化，既要顺应现有趋势，还要弄清未来发展的方向，唯有加快“创新”，才能创造可持续的增长。

1912 年，熊彼特在《经济发展理论》中将“创新”引入经济领域；20 世纪 60 年代，技术变革对人类社会和经济发展产生了极大的影响，“技术创新”引起全社会的深层认同。“创新”一直在被人们讨论、探索和关注，但这个词汇，从来没有像这两年这样，被各个产业如此热烈、如此大张旗鼓地期待与渴求。

上海苏河湾万象天地

多年前，正是国内房地产大举发展之时，我曾与斯坦福大学谢德荪教授交流。我希望了解，作为“创新战略理论和创新商业模式”这一专门领域的前沿学者，谢教授是如何定义“创新”的。当问及他理解的创新定义是什么的时候，谢教授说：“创新是创造新价值。”我当时便十分认同这个定义，今天也一样。道理对，摆在面前的问题是怎么干。

技术是驱动增长的原动力，技术带来的增长，被人们所认知到的似乎是跳跃性的“突变”。但其实，技术融入产业、价值落地的过程道阻且长。“数据中台”热潮、大数据认知普及后，突飞猛进的增长并没有到来，商业地产增长的突破是否存在？“看得见”的创新已经学无可学的时候，“看不见”的创新正在哪里默默孕育？中国商业地产集体进入了广泛而深入的思考、讨论、实践，再思考的时期。

1　7 种武器看创新：信心可以有

根据 RET 睿意德中国商业地产研究中心统计，受宏观政策调整的影响，国内地产开发增长逐步放缓，但商业地产近年来呈现出相对较平稳的变化。一二线城市逐步进入存量市场，三四线城市仍然存在增量发展空间。如图 1-1 所示，从近年土地成交数量便可一窥端倪。

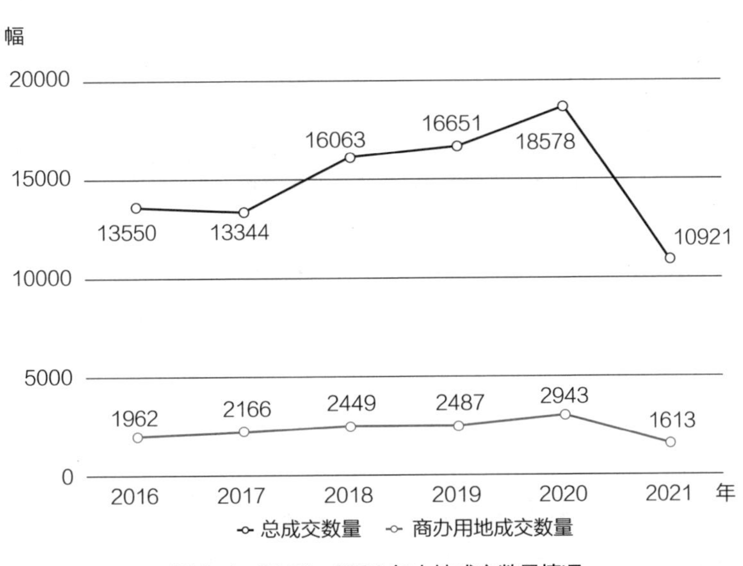

图 1-1　2016—2021 年土地成交数量情况

注：2021 年数据为 1~10 月数据

数据来源：RET 睿意德中国商业地产研究中心

那么，未来会如何？

从全局上看，未来的10~15年内，基本面的确定性远大于不确定性，实体商业的基础不会有本质变化。这样的趋势我们可以从以下七组数据中得到印证：

（1）城市化率

国内城镇人口持续扩张，推动消费市场总量提升。从图1-2可知，中国的城镇化率与美国、日本相比，仍有差距，未来的城镇化率将进一步提高。

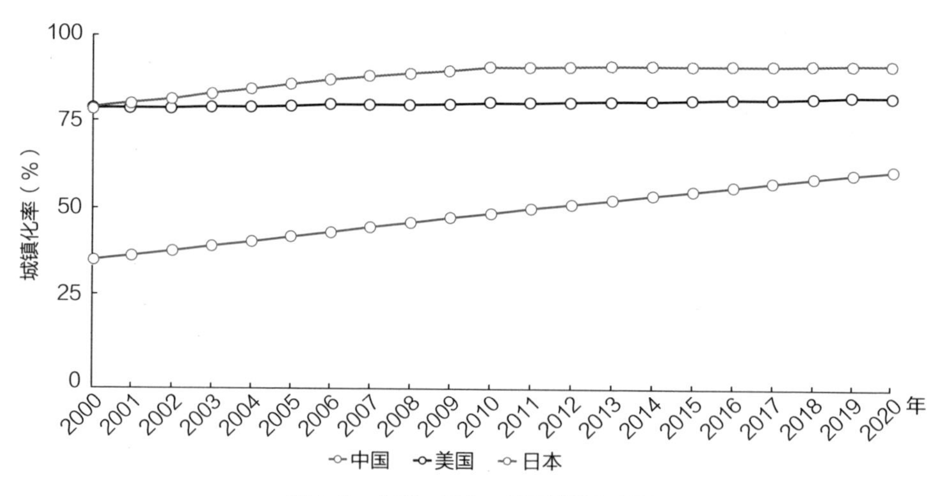

图1-2　中国、日本、美国城镇化水平

注：城镇化率 = 城镇人口 / 总人口，中国以常住人口数据计算

数据来源：RET 睿意德中国商业地产研究中心

（2）收入与支出

我国的国民收入相比于发达国家还有较大的增长空间，线上线下居民消费增量潜力不容小觑。图1-3与图1-4均表现出，我国人均国民总收入与人均家庭消费总支出与美日等发达国家相比有不小的差距，未来，拉动内需将为商业增长提供源源不断的动力。

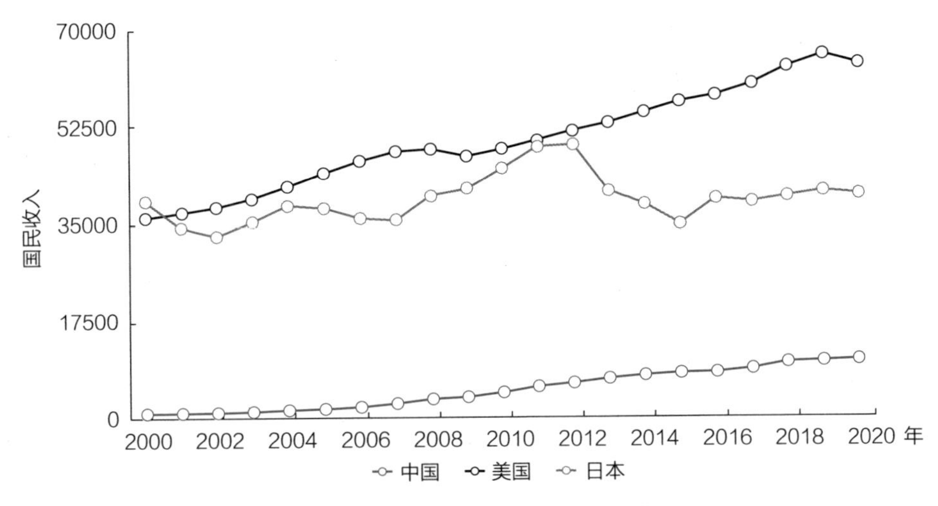

图 1-3 中国、日本、美国人均国民总收入

注：人均国民总收入即人均 GNI，根据世界银行汇率规则计算，单位：现价美元

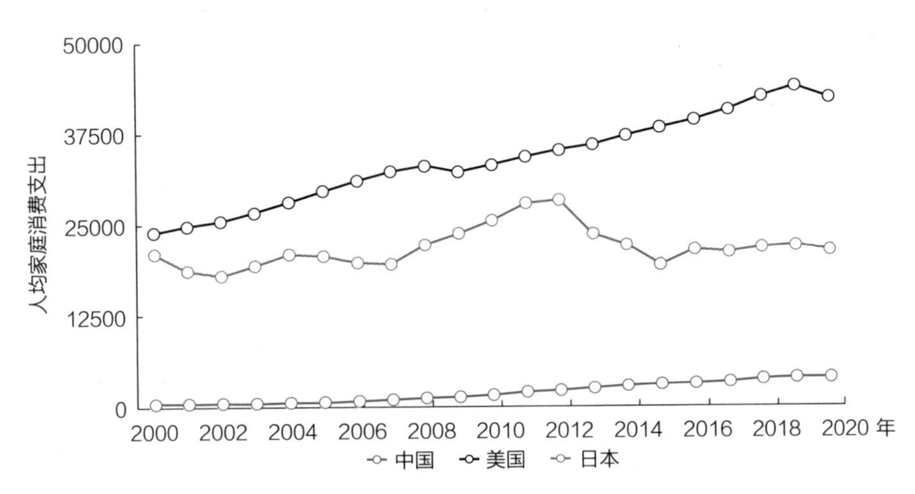

图 1-4 中国、日本、美国人均家庭消费总支出

注：根据世界银行数据库及其汇率规则计算，单位：现价美元

数据来源：RET 睿意德中国商业地产研究中心

（3）人口构成

我国老龄化人口虽在增加，45 岁以下高消费力人口仍有 10 年窗口期，未来 10 年，年过四旬的 85 后，也并不是原来意义上的绝对低消费潜力人

群，消费者对品质与价格兼顾的需求将稳定增长，过往代际消费观念的间隙将逐步缩小，为国内零售和消费增长持续提供稳定需求。图 1-5、图 1-6、图 1-7 分别是 2020 年、2025 年、2030 年的中国、日本、美国人口结构。

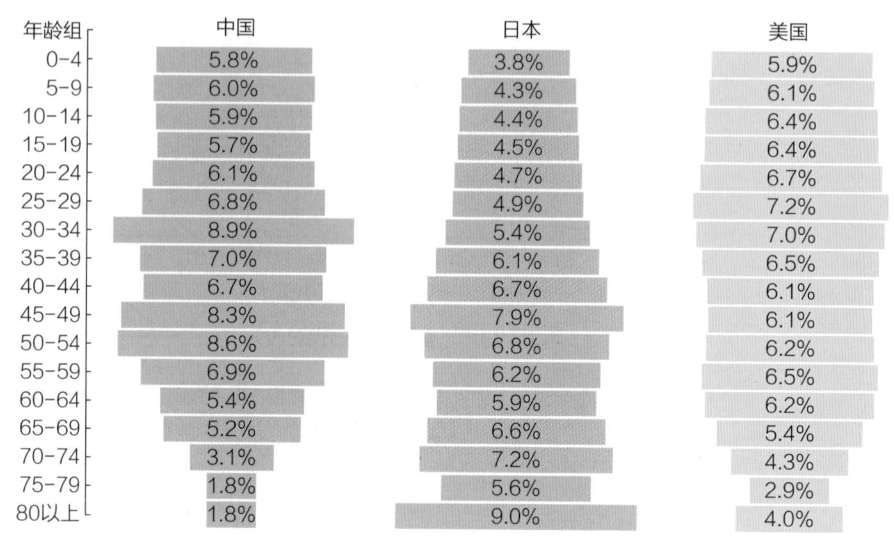

图 1-5　2020 年中国、日本、美国人口结构

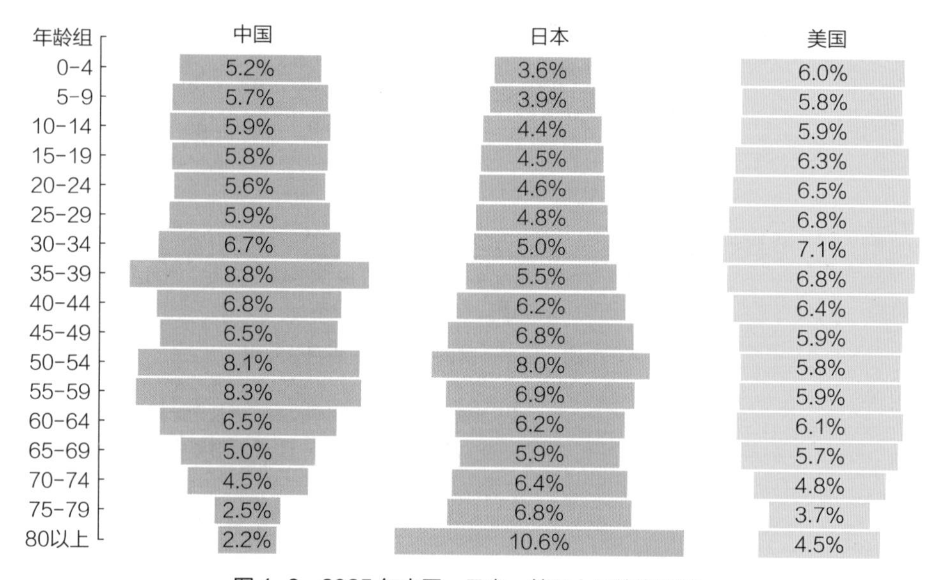

图 1-6　2025 年中国、日本、美国人口结构预测

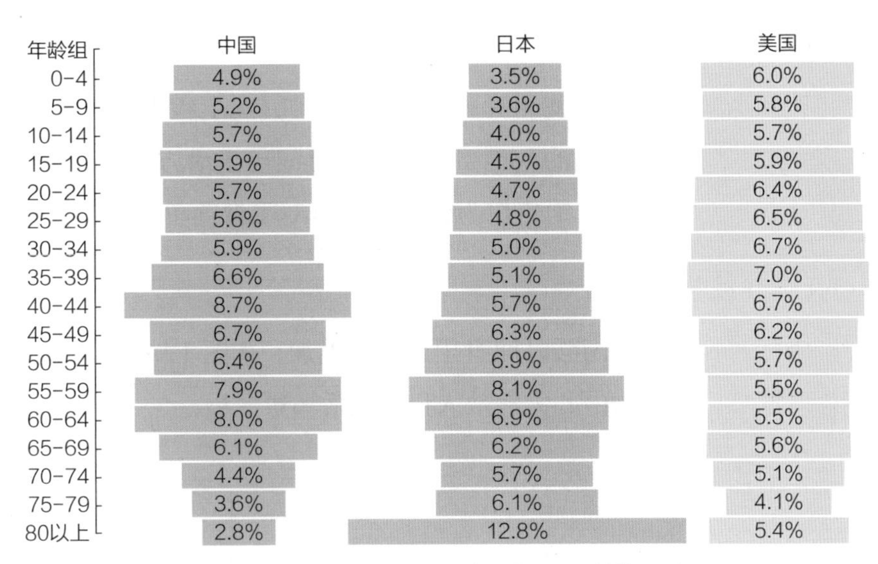

图 1-7　2030 年中国、日本、美国人口结构预测

（4）零售消费增长率

近年来社会零售消费品总额增长态势良好，总体消费动力足以支撑实体商业发展，如图 1-8 所示。

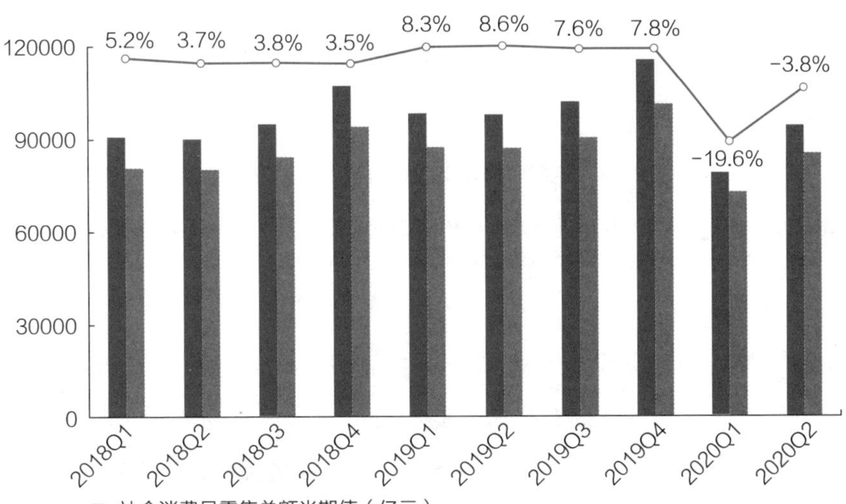

图 1-8　国内社会消费品零售总额及商品零售总额

数据来源：RET 睿意德中国商业地产研究中心

（5）线上消费增长率

线上购物 App 人均每日使用时长仅为 17 分钟，线上线下共同分享消费增长与升级红利。值得关注的是消费者的闲暇时间与生活方式发生变化时，实体商业不能简单地将线上销售作为仅有的竞争对手做简单的归因分析。

（6）工作时长

对标国际经验，居民闲暇时间有望进一步增加，如图 1-9 所示。在获得更多休闲时间之后，购物中心仍然是人们的生活场景主场。

图 1-9 主要国家年人均工作时长及人均 GDP 水平

注：根据 OECD 组织数据库及其汇率规则计算，中国数据采用国家统计局 2018 年全国时间利用调查公报结果；图中横轴为 2019 人均年工作时长，纵轴为 2019 年人均 GDP 水平

数据来源：RET 睿意德中国商业地产研究中心

我国幅员辽阔，各个城市发展存在内在秩序，这也决定了商业发展的基础逻辑。各个城市都可以拥有具备自我特性的消费流量与流量增长的可能性。

一线城市存在更有潜力的趋势性产业与就业机会，对高质量人群、头部人才具备强烈吸引力，城市消费流量必然是质、量双优。

二线城市可以实现适度休闲和奋斗间的平衡。由于一二线城市的非线性发展趋势，高质量消费人群会适度流向二线城市。在休闲品质及商业氛围良好的情况下，这一特质将推动二线城市商业持续发展。

三四线城市是更安逸的消费流量，消费者更精明、更期待性价比，但也开始要求高品位、高价值。以三四线消费流量起家的拼多多之所以迅速爆发，就是踩准了这类消费者的需求模式和大流量特质。

（7）商业资产抗风险性

根据 RET 睿意德中国商业地产研究中心的研究，分析了美国经济发展过往 20 年中经济波动与各物业资产价值的相关性，商业资产与 GDP 密切相关且具有一定的抗通胀能力。

美国商业地产的租金增长率与 GDP 增速具有高度的相关性。写字楼租金受经济周期的影响最为明显；与民生更贴近的零售、公寓租金则影响相对较小，波动时序晚。在投资收益层面，在美国过往的几轮货币宽松周期中，商业地产的平均收益率能够大幅跑赢其他大类资产，仅次于国债和黄金；并且商业地产在整个周期中有 87% 的时间均能跑赢 CPI。

国家经济动能正在发生转轨，从过往的粗放型、资源型增长，进入硬科技创新、精细化运营的常态化增长期。这个过程必然给各行各业带来冲击，尤其是房地产业。但从内部需求和对标国外商业资产穿越周期的抗风险韧性来看，国内商业地产仍然存在增长的机遇，作为行业人仍需对创新与变革的价值落地满怀信心。

2　“平台”位置看创新：利润有限，聚焦提效是关键

创新能够为行业带来新价值，这已经毋庸置疑。但实体商业的创新到底是什么？我们又能对创新寄予多大的希望呢？

（1）政策利好，为商业创新铺路

当下，国内商业地产发展已经进入存量时代，增长已经从攫取地产红利聚焦到精细化运营。双循环下，我们看到了诸多优化市场竞争环境、扩大消费的政策利好。一系列刺激消费和完善市场竞争环境与机制的举措，更是坚定了实体商业对创新加大投入的信心。表 1-1 中列举了部分相关政策。

表 1-1 国内推动实体商业增长的政策（部分）

时间	政策
2020 年 9 月 21 日	国务院办公厅发布《关于以新业态新模式引领新型消费加快发展的意见》
2020 年 11 月 3 日	上交所发布关于暂缓蚂蚁金服科创板上市的决定
2020 年 11 月 10 日	国家市场监督管理总局发布《关于平台经济领域的反垄断指南（征求意见稿）》
2021 年初	中共中央办公厅、国务院办公厅印发了《建设高标准市场体系行动方案》，出台了有序扩大服务业市场开放、完善引导境外消费回流等若干新政。中国免税政策的放开、刺激消费是双循环背景下政府刺激消费的政策利好之一
2021 年 6 月 11 日	商务部等 17 部门印发了《关于加强县域商业体系建设 促进农村消费的意见》，提出实施“县域商业建设行动”，力争到 2025 年，在具备条件的地区，基本实现县县有连锁商超和物流配送中心，乡镇有商贸中心、村村通快递，促进农民收入和农村消费双提升
2021 年 9 月 5 日	北京市商务局发布《北京培育建设国际消费中心城市实施方案（2021—2025 年）》，重点推出十大专项行动，包括消费新地标打造行动、消费品牌矩阵培育行动、数字消费创新引领行动、文旅消费潜力释放行动、体育消费质量提升行动、教育医疗消费能级提升行动、会展消费扩容提质行动、现代流通体系优化升级行动、消费环境新高地创建行动、消费促进机制协同保障行动。北京力争通过 5 年左右的时间，打造 2 至 3 个千亿规模世界级商圈，离境退税商店数量达到 800 家左右
2021 年 9 月 16 日	商务部发布《关于进一步做好当前商务领域促消费重点工作的通知》，支持传统商业企业加快数字化、智能化改造和跨界融合，鼓励发展智慧商店、无接触配送、到家服务等，推进线上线下更广更深融合。支持鼓励传统商业场所、闲置厂房、体育场馆等改造为多功能、综合性新型消费载体，打造沉浸式、体验式、互动式消费场景
2021 年 10 月 23 日	国家发展改革委《关于推动生活性服务业补短板上水平提高人民生活品质的若干意见》指出，要培育强大市场激活消费需求，因地制宜优化生活性服务业功能布局，推进服务业态融合创新，促进城市生活服务品质提升，激活县乡生活服务消费，打造市场化法治化国际化营商环境，提升政务服务便利化水平，积极有序扩大对外开放

来源：RET 睿意德中国商业地产研究中心根据公开资料整理

从经济周期和宏观环境来看，国内实体商业增长仍然具备良好基础，为创新预留了 10~15 年的增长窗口期。

（2）回归平台本质，双向创造价值

在政策层面的利好之下，让我们回归到商业地产的本质，思考如何通过创新实现企业的利润增长空间。

从本质上看，商业地产是基于一定的地理位置，整合品牌、场景及活动等内容，通过持续运营吸引、匹配和促进成交的流量运营平台。购物中心本身并不提供最终成交的商品或者服务，而是为交易提供场所。所以，商业场所是商品与服务的交付终端渠道之一，同时也是品牌与目标消费者建立品牌体验的关键场景。

对于商业地产运营者来说，职责就是要让商业内容与消费者之间达成有效匹配和交易转换。商业地产是一个“双向创值”平台：一方面通过租赁、联营等方式赚取租金或经营分成，产生盈利；另一方面则是持续吸引消费者到场，产生更多消费的可能性。如此说来，商业地产的运营者就需要不断契合消费者的需求，优化产品内容组合，以提升撮合交易的效率。还应看到，正因为是商品与服务的终端渠道，商业场所在生态链上占据的是一个终端的位置。这也意味着其在产业链上利润有限，创新带来的可获利空间也非常有限。所有的“创新”需要冷静权衡，谨慎投入。

对比这两年轰轰烈烈的“中台风潮”，多少人投资巨大去追求创新，结果却落得一地鸡毛。面对创新，实体商业决策者须放平心态，及时复盘，纠正盲目跟风和天马行空，即使再“不差钱”也弥补不了时间带来的损失以及运营团队对创新信心的损失。

因此，我们发现，实体商业的创新须认识到是在利润有限的边界下，聚焦提效是关键，而提升撮合效率，就必须关注我们的“客户”——商户与消费者。

购物中心的本质是赋能两方的平台，一方是商户，另一方是消费者。对于这两方，购物中心能产生怎样的价值，创新又可以带来哪些方面的改变？

对于品牌商家，购物中心具有以下价值：

第一，仍然是主要交易渠道，从全国社会零售额的分配来看，线上交易额占 25%，线下仍占有 75%。

第二，仍具有相对稳定的大流量的易获客优势，线上无边界的供给带来获客成本的持续高企，线下流量具有区域性，相对稳定。

第三，仍是品牌内涵塑造及溢价的重要场景，服务和体验为品牌带来附加值和感情色彩，其在实体场景下消费者体验的提升逐渐被视为品牌溢价的核心环节。

那么，购物中心对于消费者的价值又是什么呢？至少有两种价值是线上购买无法代替的：

一是社交与休闲，复合多元功能需求的满足；二是消费体验的不可替代。在线上买东西，消费者需要通过图片、视频等体验“想象中的完美自我”，并以同款比价、搜索购买作为主要决策路径。而在实体店购买，消费者则可以通过实际体验的方式获得“完美自我的直接体验”，感性决策更占主流。

购物中心作为平台和渠道，通过联合市场活跃品牌共同服务消费者。无论对于品牌商家还是对于消费者，购物中心都能起到其他渠道难以替代的作用。而购物中心的“创新”如果集中在提升消费者体验的环节，对于提升品牌溢价与消费者黏性都是很有价值的。

（3）核心能力看创新：存量时代的新能力

存量时代，众多失去红利市场的地产开发企业纷纷转向轻资产方向。究其原因，一方面是随着客观环境变化，企业原有的发展模式不得不变；另一方面，是企业为了获得存量时代的新能力主动转型。

根据迈克尔·波特（Michael Porter）提出的“五力模型”，可以对行业基本竞争态势与商业企业的竞争战略决策进行分析。如图 1-10 所示。

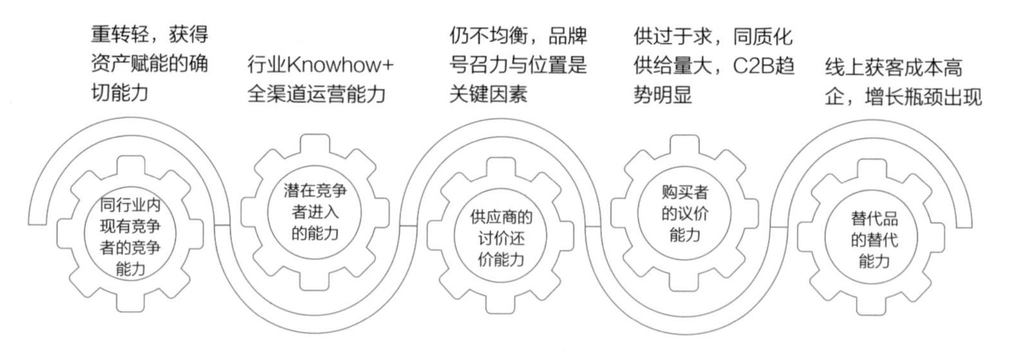

图 1-10　以波特五力模型分析商业企业的竞争战略

在存量时代，商业地产需要获得三种核心能力：

第一，打造利于运营赋能的复利创新能力；

第二，基于行业经验的线上运营能力；

第三，流量获取能力和用户黏性。

华润地产旗下的华润万象生活上市后，始终保持高市盈率，市值一度突破 1100 亿港元。其增长的想象空间正是来自商用资产资管的品牌力、稳定的运营能力和技术赋能，这些核心能力对金融市场有着强大的吸引力。

如今，“拿地—开发—销售”的逻辑基本行不通了，通过这几种新能力的打造，可以有效为存量商业地产的资产附加价值赋能，从而结合金融杠杆兑现或获取稳定的资产价值。也就是说，这几种“创新”能力，是商业建立市场竞争力的关键。

自此，我们探讨了关于存量时代的增长的一些必然。

还应看到，从增量到存量，购物中心所需的核心能力同样发生了重心的偏移。

增量时期，购物中心是在交付产品，与地段和消费需求契合的定位、产品力与招商能力构成了主要交付能力。

存量时期，购物中心交付服务，这个时期的重要能力转变成线上线下数据挖掘能力以及消费体验的提升能力。图 1-11 概括了购物中心的核心能力模型。

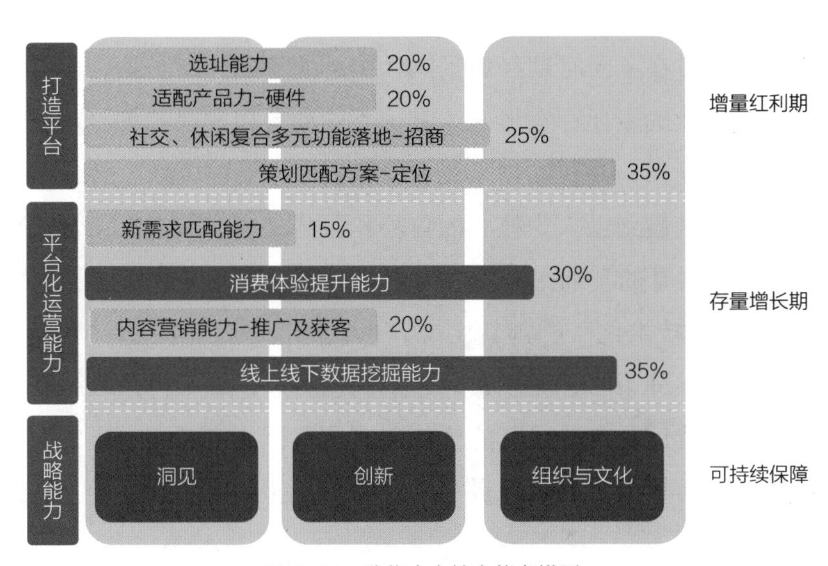

图 1-11　购物中心核心能力模型

以上关于实体商业在不同发展时期的能力模型正是来源于此。实体商业是商业地产运营企业在战略方面的选择，其在底层需要由对未来发展洞见、创新能力和组织文化方面来保障可持续性。

从增量到存量的关键能力分析，我们可以看到聚焦线上线下数据挖掘和消费体验提升是存量时代运营实体商业的关键能力，即在业务层面的创新从此着眼和入手是指向提升效率的可行方向。

可以说，进入存量时代，实体商业仍然具有一定的运营增长期，从未来可及的增长来看，建立与用户动态交互的“神经元反馈系统”成为资产激活的关键。

3 5个实现创新增长的底层逻辑

时代潮流涌动，朝向创新的那扇窄门，在激情澎湃的时候，要停下来想一想，我们是不是在重复发明轮子。

创新不是天马行空的创意，也不是盲盒，创新的根基是探究本质的思考，遵循科学的框架和大胆而严谨的试错。

在此，我提出5个实现创新增长的底层逻辑。

（1）商业变形记的底层逻辑

国内各级城市在不同时期经历了购物中心的爆发与增长期，至今百货与购物中心仍是商业的主要存在形式。基于不同商业模式在初期、增长期和成熟期不同的创新框架，商业的创新正在从模式与机制的创新，经历空间与场景的在场创新，过渡到以人为核心的体验和服务创新，最终在市场高度竞争时期，围绕客户展开的精细化运营成为创新增值的抓手与手段。

这期间，“纯技术化”的创新比拼，也就是精准定位下的“产品”精细化打磨，如首店品牌策略、业态布局、空间创新等，都不再是唯一获得竞争优势的手段，这背后是商业运营的价值创造转移：从追求在“卖货”基础上获得坪效收益，转移到需求、场景与品牌的匹配和运营效率收益上，运营企业将面临以增长为目标的运营实力的竞争。

当经济大周期悄然降临，战略层面率先寻求突破是商业社会的必然规律。面对新形势，如何立足未来设置更具高度的企业战略，并确保其可实现，成了商业地产行业面临的问题。

在这个问题之下，首先要解决的，即是如何逐渐摒弃用“技术解决技术本身”的惯性，跳出已有的舒适区，找到用产品力和运营力激活商业的生态价值，从而俘获消费者。实现从运营货、运营场向运营体验过渡。要想实现这样的目标，必须遵循消费视角与组织赋能的根本原则。

（2）企业化运营的视角是看待购物中心运营组织的底层逻辑

购物中心是商用资产；土地增值以及通过运营获得稳定收益，从而获得资产溢价是最典型的价值提升形式，需要的周期较长且需要持续投入。从资产角度看，运营购物中心的团队，是资产运营的组织；购物中心的运营，本质上是以资产保值和增值为核心，进行面向消费和市场竞争的企业运营。

打个简单的比方，以一个单体10万平方米的购物中心为例，按每平方米建筑面积4万元进行价值估算，其本身就是一个40亿元的资产，运营团队便是运营这个资产的企业。

德鲁克说：“管理是一种实践，其本质不在于知而在于行；其验证不在于逻辑，而在于成果；其唯一权威就是成就。”

对于购物中心运营团队，其成就的核心是资产价值的提升。从常用的购物中心价值评估办法上看，现金流量推估法、收入推估法都围绕收益和增值预期，不难看出目前针对运营团队的绩效评估是最直接的动作与关系表达，就好像“想不饿就要吃饭”。但在实际工作中，执行团队与决策层往往存在短期收益与长期增益间的矛盾，这个矛盾也在日益增加的竞争压力下凸显。

让我们从市场的角度思考一下，企业为创造价值而存活、获益，那么你饿了要吃饭，喊饿是没用的，还是要创造价值才行。也就是说我们需要思考的不是“吃饭本身”和“我就是要如何”，而是怎样才是达到吃饱吃好的最优可行路径。

（3）创新战略与生态系统的组织步调保持一致，是商用资产价值链形成的底层逻辑

创新是端到端的过程，不是“某一点”的问题，即使再大的力道，若没有在关键环节的关节点进行创新实践，被原有的系统内部韧性稀释是大概率的结果。最终落地需要在价值链的贯穿下进行思考，否则就落在了“点”上，难以在系统化的运营中兑现成果。

如果我们将商场视作一个产品，企业通过产品创造社会价值而获得持续生存和发展，商场运营是2B2C的业务模式，那么商业运营的价值链就直接与品牌决策链衔接，以商品、业态组合与运营活动作为内容，如同生产与制造了满足需求的价值，从而服务消费者。这一串联的过程实现了商用资产的价值链，如图1-12所示。

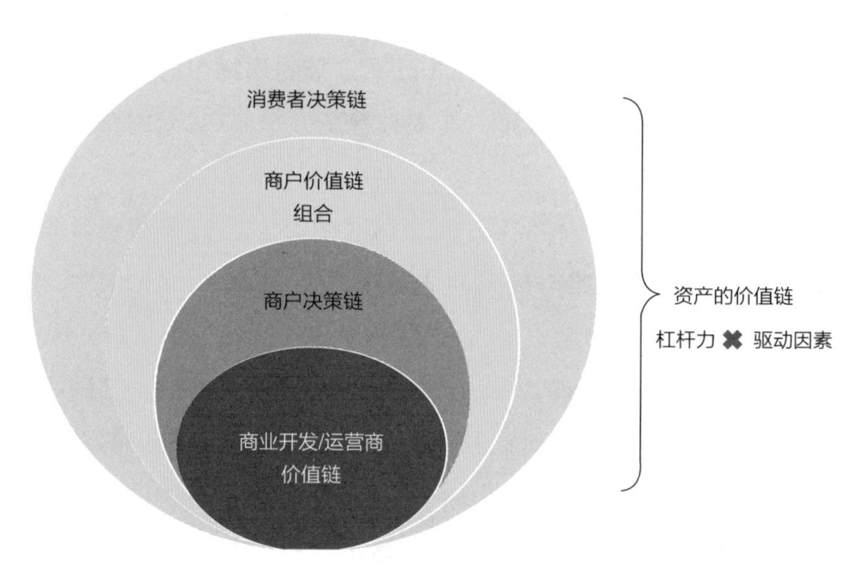

图1-12　商用资产价值链构成

一个好的企业创新战略是组织内部和外部发生的事情的结合。以往的商业运营，往往专注于产品的构成要素，聚焦消费者需求变化、场景创新、运

营信息与数字化，这就将创新落地与组织架构、机制和流程的设计，甚至与人才需求和文化形成了割裂与脱节。

我非常认同一句话：“当公司的资源、流程和价值观与目标市场不匹配时，即使是最好的管理也无济于事。”只专注于技术本身是创新产生价值的最大阻碍。

（4）创新前的关键因素分析与目标界定，是运营突破的底层逻辑

同样是解决竞争突破和创新增长问题，不同定位下的商场的关键因素与目标界定不同，聚焦就显得格外重要。之前网上商城、私域流量大行其道，但若没有流量或根本问题不在于流量，那么运营的ROI就难以如意。

实体商场能为消费者带来什么？可以从两个方向进行思考的延展，第一个方向是带来便利，或者说，带给消费者“更适合的时间分配方式”。从这个方向考虑，城市级的商业要能满足消费者休闲、娱乐、家庭等多方面的需求；区域级的商业则倾向于满足消费者便利性的多元消费需求；社区商业则基本立足于便利性、性价比方面的考虑。

第二个方向是“不可替代性”，哪些实体商业在消费者心目中会具有不可替代性呢？可以是会员制商场，带给消费者独特的会员权益与享受；可以因为拥有唯一性的品牌或品牌组合，带来垄断性的流量；也可以通过场景的打造，吸引消费者前来，成为休闲娱乐目的地。

举个例子，如果你感觉所在的城市或区域，消费者的时间越来越稀缺，就需要非常认真地考虑什么是他们需要的“便利”。消费者对线下也有“随时触手可及”的期待，在需求极度个性化、强体验时尤其如此。因此，便利店可以进入购物中心，也并不阻碍同场大型超市的生意。

（5）从解决消费者问题开始，是一切创新的底层逻辑

商场运营常将“满足消费者需求”挂在嘴边，但执行起来，就变成“我们要”。重新认识一些关键词，会对预判有些好处。在购物中心的焦虑高峰期，这些词已经被大量提及乃至泛滥，但却始终没有得到真正的认知。图1-13是一个脱敏示例，某购物中心NPS（净推荐值）的影响因素分析，

能明显地看到运营团队核心成员与消费者认知上存在明显差异。这些差异都是造成目标难以实现和达成的真正原因。

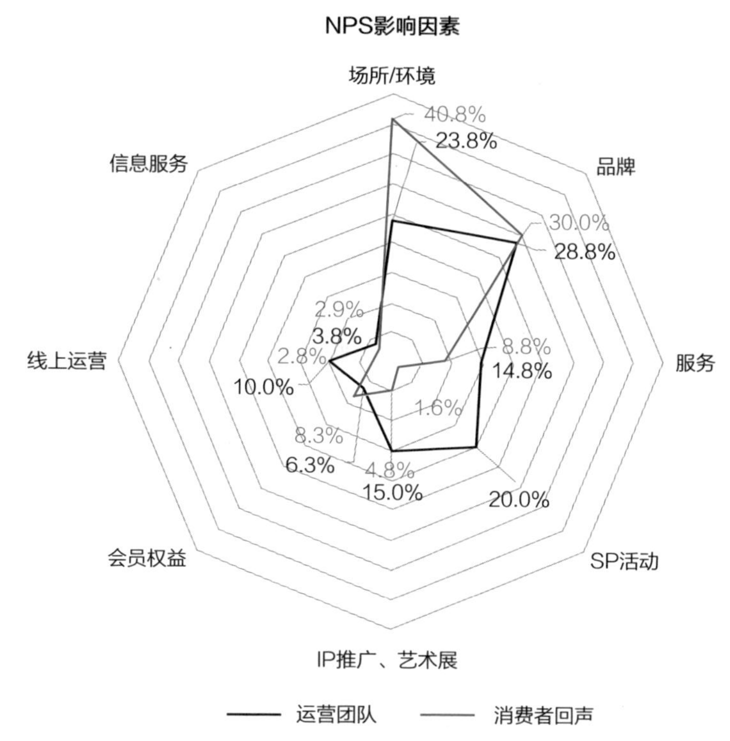

图 1-13　某购物中心 NPS（净推荐值）的影响因素分析

在 RET 睿意德为国内购物中心做增长创新服务的过程中，经常发现运营管理团队内部与消费者之间在认知上存在问题，在团队内部，较为典型的是对运营目标实现的关键环节与关键动作和指标不协同，这种不协同存在于管理层与执行层之间、不同岗位之间。对外则是运营团队认知与消费者需求上的差别。

我们无法做到人人满意，但需要关注消费所需，关注消费需求并不建立在无目的满意度调研结果中，而在解决问题视角下系统拆解解决路径和办法后，在消费反馈数据基础上对已知消费驱动充分分析，融入对未来策略的洞见和决策中。

如何看待问题往往是我们成功的原因，也更可能是阻碍我们成功的原因。

窘境并不是真正的窘境，德鲁克曾说：“企业的宗旨必须是存在于企业自身之外的，因为企业是社会的一种器官，所以企业的宗旨必须存在于社会之中。”

跳出原有经验的限制，生出跨生态和领域的第三视角，开启再深一层的思考。眼下的发展阻力不是件坏事，那是我们专注于商业，又长出了另外解决问题能力前给我们的信号与提示。

4 小结

第一，购物中心创新的最终目标是资产增值，受困于作为零售终端的角色，在其利润空间有限的前提下，创新必须聚焦于价值创造的最优场景；

第二，运营围绕着货品和服务交付，购物中心通过周期性调整保有目标消费者喜爱的活力品牌，在短时间内无法预期控货的前提下，提升消费体验，也就是服务交付能力就至关重要；

第三，未来的运营能力建立在技术驱动的基础上，与消费直接关联场景的有效数据获取、留存、挖掘与分析，是驱动增长的核心；

第四，从被动的事后消费者调研，转而形成运营团队消费者洞察能力是应对竞争的必要。

二 不“被焦虑”，从几个关键词里寻找增长机遇

导语 面对充满未知的未来，我们习惯于寻找感性共鸣而非理性分析，用对未来的焦虑代替直面当下的思考。但未来的线索恰恰潜藏于当下的端倪中。在时代的洪流前，需要舍弃陈旧的经验模式，勇于试错，才最有可能领先于市场，抓住未来给予的机会。

新冠疫情这只“黑天鹅”让全球零售业和购物中心寒意凛冽。无论是客流量还是营业额，下降幅度普遍超过 50%。

在与业内朋友的交流中，我也感觉到了大家对未来的焦虑——不仅与短期冲击的不确定性有关，更有面对长期消费变化的未知和迷茫。以往成熟的经验效果正在消退，创新的尝试很多不如预期。

现状虽然让人警醒，但过多的忧虑并无必要。事实上，零售业的新势力——电商的经验正为商业地产的创新开辟了一条新路。

如何实现流量与销售额的最佳配比，这是购物中心一直在面对的课题。过去，其努力只能囿于地理位置这一个空间之内。如今，电商给传统零售带来冲击和竞争的同时，也开拓出物理空间外的更多可能。无论是洞察消费、新连接，还是提升原有业务效率，购物中心乃至零售领域都需要换上新的思考方式。

虽然未来很难被预测，但当下是未来的端倪。

1 看当下：我们的商业真的令人满意吗

（1）真的没有一座购物中心，只要它在那里就一定被需要

不得不承认，我们无法打造出人人都满意的购物中心，但是可以建出被需要的场所。

据国际购物中心的统计，美国20%的购物中心产生了超过70%的销售额。国内市场的竞争更加激烈，项目间效益对比和客流切分的“二八效应”更为突出。这意味着，购物中心总是在相对受限的市场容量和竞争博弈的商业环境中寻找生存发展机会。

因此，抱着“我的地点是最优的、我的购物中心理所应当盈利”想法的经营者，会存在对未来形势的误判。这种误判带来的最大问题是无法脱离对自身和区域的“小认知”，不能充分想象如何更灵活地使用零售空间。

（2）仅仅跟随消费者，就无法满足消费者

商业到底解决了什么问题？在我看来，它是在解决一个“无聊”的问题。“舒适”不是商业解决的本质问题，因为舒不舒适的问题，相对明确，也更容易解决。比如，30度的气温会让我们感觉太热而不舒适，把空调调到26度就好。

但“无聊”就没有那么好解决了，它涉及更深层次的消费者“心感”。

泰国 The Commons

商场确定的转变是：从专门的零售交易场所，转变为社交和体验场所。消费者到商场的选择驱动，已经由消费“货”，变成了消费“时间”。所以购物中心未来的发展，一定是指向空间功能和满足休闲需求方面的变革。一个相似的例子是，虽然人和人之间的连接不会停止，但承载通信功能的

邮局却会在日常生活中消失。

当消费者期待不同的社交连接、体验连接、品牌连接，承载连接的载体必然会发生变化。仅从现有消费的历史数据分析，只能得到已知的已知，而无法做出有深度洞见的预判。

2 看未来：实体商业将维持不变的“稀缺性”和“独占性”

那么，未来会如何？

（1）看全局：实体商业的基础不会有本质变化

从全国、全球的经济发展态势来看，在5~10年内，基本面的确定性远大于不确定性，实体商业的基础不会有本质变化。

我们做出这个判断，是基于对一系列数据的分析。

首先看城市化率。国内城镇人口持续扩张，推动消费市场总量提升。2021年末，我国城镇常住人口达到91425万人，比2020年末增加1205万人；乡村常住人口49835万人，减少1157万人。常住人口城镇化率为64.72%，比2020年末提高0.83个百分点。中国的城镇化进程虽然较此前缓慢下来，但并没有终止，而且稳定的、可持续的质量提升更值得期待。

从收入与支出看，我国国民收入相比发达国家还有较大增长空间，线上线下居民消费增量潜力不容小觑。

2019年，我国人均国民总收入（GNI）首次突破1万美元大关，按世界银行标准，达到中高收入国家水平。目前，我国人均GNI继续保持在1万美元以上。这是一个了不起的成就，意味着广大人民群众的日子越过越红火，全面小康也有了更高的含金量。

2019年，在公布数据的192个国家和地区中，我国GNI排名为第71位，跃升速度喜人，未来成长空间更可期待！

从人口构成上看，45岁以下高消费力人口仍有10年窗口期，商业需求仍有持续力。

根据第七次人口普查数据（截至 2020 年 10 月 31 日），中国人口超过 14.12 亿人，其中 30~34 岁人口数量最多，超过 1.24 亿，与第六次人口普查相比，增长人数为 7206 万人。而 15 岁以下的人口超过 2.53 亿人，与第六次人口普查相比增长约 3200 万人。

尽管老龄化问题的确很严重，但在 10~15 年内，45 岁以下的高消费人口数量依然保持增长，商业市场需求依然旺盛。

从零售消费增长率来看，近年来社会零售消费品总额增长态势良好，总体消费动力支撑实体商业发展。

据统计，2021 年，社会消费品零售总额 440823 亿元，比上年增长 12.5%。扣除价格因素，2021 年社会消费品零售总额比上年实际增长 10.7%。图 1-14 中展现了 2018—2020 年国内社会消费品零售总额同比增速情况。

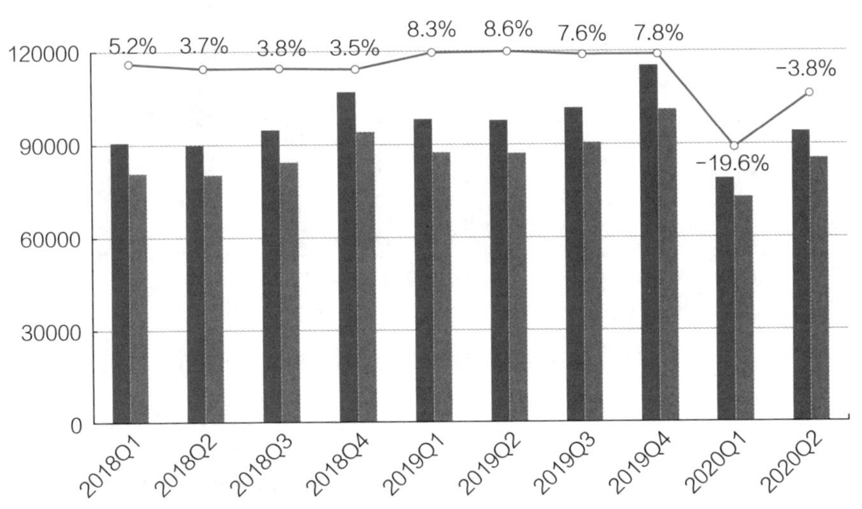

图 1-14　国内社会消费品零售总额及商品零售总额

数据来源：RET 睿意德中国商业地产研究中心

从线上消费发展来看，线上购物 App 人均每日使用时长 17 分钟，线上线下不构成消费市场争抢的直接对立。

截至 2021 年底，移动互联网用户数、固定互联网宽带接入用户数分别达 14.2 亿户、5.4 亿户，分别比上年增长 5.0%、10.8%；移动互联网接入流量达 2216 亿 GB，增长 33.9%。

随着新型基础设施建设加快，数字经济与实体经济深度融合，推动经济新动能不断壮大。2021 年，我国电子商务平台交易额比上年增长 19.6%。全国网上零售额 13.1 万亿元，按可比口径计算，比上年增长 14.1%。据睿意德研究中心统计，如图 1-15 所示，2020 年移动互联网用户平均每人每天使用线上购物 App 17 分钟。而且，线上消费与线下消费显示同步增长的势头。

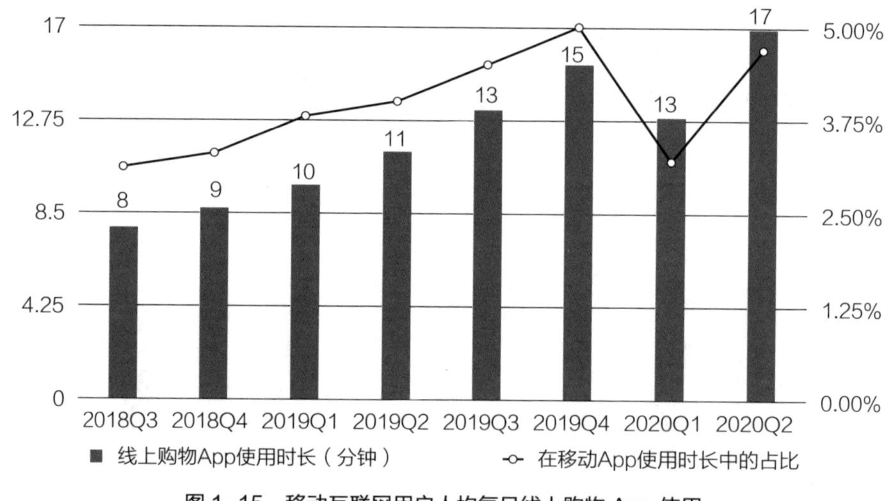

图 1-15　移动互联网用户人均每日线上购物 App 使用

数据来源：RET 睿意德中国商业地产研究中心

从工作时长看，对标国际经验，居民闲暇时间有望进一步增加，购物中心仍然是人们的生活场景主场。

现代城市生活以“快节奏、高效率、信息密集、流动频繁”为特征，促使都市人的时间分配更多向工作和通勤倾斜，其代价是对休闲、家庭、社交时间的争夺和挤占。中国人被认为是世界上最勤劳的人。根据经济合作与发展组织（OECD）的数据，中国人平均每天工作 315 分钟，每周工作 37 小时。未来，更轻松的生活节奏、更多的闲暇时光、更多样的休闲方式将被人们视为幸福生活的必要元素，而休闲时间的增加也将使消费动能进一步得到释放。

（2）看局部：城市发展内在秩序决定商业发展的走向

随着城市化的发展，城市消费品市场快速增长。在我国的国民经济最终消费中，通过城市商业和流通领域实现的社会消费品零售总额，占全部居民消费的比重超过80%。

据国家统计局统计，2021年，社会消费品零售总额突破1万亿元的城市共有4个，分别为：上海、北京、重庆、广州；处在9000亿元级别的城市共有3个，分别为：深圳、成都、苏州；处在7000亿元级别的城市共有1个，即：南京；处在6000亿元级别的城市共有2个，分别为：武汉、杭州。

有意思的是，消费十强市恰好就是GDP十强市，只是在排序上有所不同。

上海、北京这两个一线城市不仅在经济上是全国城市的第一二位，消费力同样笑傲群雄。一线城市存在更有潜力的趋势性产业及相应的就业机会，对高质量人群、头部人才具有难以比拟的吸引力，因此，一线城市的消费流量在规模和质量上都是全国最优的。

重庆作为中国第一人口大市，消费市场巨大，社会消费品零售总额超过广州、深圳这两个一线城市。深圳是全国第三个GDP突破3万亿元大关的城市，社会消费品零售总额却没有突破1万亿元大关。深圳人太过忙碌，缺乏成都、重庆那样的“休闲文化”，也许是其消费力比不上GDP亮眼的一个原因。

总体而言，深圳、广州、重庆构成了“准一线”消费城市群，它们在零售、消费力、休闲、购物中心等维度与上海、北京相比有一定差距，但发展速度快，增长空间很大。

成都GDP离2万亿元大关还有一步之遥，社会消费品零售总额超过9000亿元，与深圳相距不远。还有苏州、南京、武汉、杭州……把目光放远一点，还有青岛、郑州、合肥、长沙……一批二线城市的消费力正在快速成长中，与一线城市相比，这里的消费人群更追求适度休闲和奋斗间的平衡。由于一二线城市的非线性发展趋势，高质量消费人口会适度流向二线城市。在休闲品质及商业氛围良好的情况下，这一特质将推动二线城市的商业持续发展。

三四线城市的人们一般消费选择更精明，更期待性价比，但也开始要求高品位、高价值。以三四线消费流量起家的拼多多之所以迅速爆发，就是踩准了这类消费者的需求模式和大流量特质。

不同的城市之间，消费力的差距、消费特征的不同，其根源在于高净值人群的数量和分布，也就是说，这个城市的有钱人多不多，有钱人从事什么行业？高净值人群属资源涌向型，高净值人群资源涌向型的突破空间在于产业的重新分配和再聚集。所以早期产业重新布局由一线城市向二线城市扩张的时候，各级政府都在做新区开发。而新区开发其实就是产业抓手的重新分布。

（3）看细节：市场增量将存在于消费者的偏好变化结构性升级趋势中

可以看到，国内消费市场正在快速细分化，解决小众群体个性需求的创新品牌正在涌现。一个可能反常识的认知是，市场的细分实际上意味着市场总量的扩大。试想，只对黑白色单衣感兴趣的年轻客群会有多少，能支撑起一个品牌吗？忠诚于某个设计师的客群呢？新兴小众品牌的创业浪潮正在日本和美国发生，短期内很可能也会在我国发生。

总体而言，我们认为，实体商业将维持不变的“稀缺性”和“独占性”:“稀缺性”来源于购物中心基于地理位置的流量获取力，“独占性”则因为域内客群80%的消费意愿仍在线下体验时产生。

面向未来，商业人还是应抓住确定性的本质与逻辑，打开思路、评估变量、做出预判。

3 朝向未来的准备

重新认知一些关键词，会对预判有些好处。在购物中心的焦虑高峰期，这些词已经被大量提及乃至泛滥，但却始终没有被真正的认知。

（1）体验：体验需要被设计

提升线上运营能力固然需要，但不要忘了线下体验。

零售线上线下的壁垒近来越发明显。限于流量成本问题，线上渠道逐渐确立新客获取和去库存的功能，提供大众化、标准化商品，以三四线城市存量和跨境市场为未来方向；线下则凸显了难以在线上实现的体验功能，同时线上消费数据也能直接指导线下体验的打法。

“体验”是需要被设计的。基础的场景体验当然需要设计，但更重要的则是服务体验。线上的虚拟客服无法在线下生存，因为真正的服务是在消费者表达需求前预先想到的。

在日本 Burberry 经历的一次服务体验让我至今印象深刻。当时因为没有找到合适的款型，服务员做了三件事：拿出平板电脑问需要哪个款；表示可以带我去邻近的店铺再看看；鞠躬并表示非常抱歉，没有我合适的衣服。这种体察人心的服务，给消费者带来“被理解”“被照顾”的体验，是最好的商业运营方式。

（2）便利性：高效的、个性化的细分场景是未来趋势

消费者的时间越来越稀缺，对于便利性的需求也越来越强烈。消费者不仅仅期待满足需求，还希望有“随时触手可及”的期待，消费者需求极度个性化，强体验时尤其如此。高效的细分场景将是未来的便利性趋势。比如：

- 同一场景下的消费延展，提供额外的体验，例如西贝的家庭亲子活动；
- 生活方式的聚集和极致主题，例如 lululemon 的健康时尚、NEIWAI 的女性自我关怀；
- 更具目的性的场景、更迅速的潜客捕捉、更便捷的消费、更轻便的游逛、更有效的时间分配，例如 IP 主题空间、室内乐园；
- 聚合高频、广泛发生的场景，例如，购物中心里也需要便利店；
- 停留时长与零售效率的结合，更高的零售效率才能让消费者在游逛体验和情感连接上消磨时间，反之亦然。

（3）多元化：多元业态组合激发空间效率

除了零售、餐饮和休闲，未来我们还可以如何激发空间效率？

来看一些案例：

“共享 MALL”

消费场景细分程度不足，是共享概念曾在国内商业地产“昙花一现”的主要原因。但我们已经知道，国内消费者的变化正在为品牌创新提供新的契机。

名为“BrandBox”的运营商提出了创新性的零售空间配置方案。他们通过划分迷你商店，为创业品牌提供有效验证市场的途径。新品牌可以在标准化配置的店铺单元内短期租用空间，占用 6~12 个月。BrandBox 则提供统一设备、对外营销和数字化支持，例如 RFID 标签和人流跟踪。而场内品牌的定期轮换，可以确保项目始终有新的事物供消费者探索。

西蒙集团在其纽约项目 the edit @ Roosevelt Field 中也应用了类似的创新方式，HiO、The Gathering Shops 等创业企业也在进行此类尝试。

度假 Mall

度假的关键，是“以时间交换幸福感”，而不是“以金钱购买幸福感”。波士顿的“生活时间中心”就将自己改造成一个以健康和健身为目的性业态的购物中心。除了健身房、健康课程、美容护理等健康业态，该项目还包括医疗中心、水疗中心、健康餐饮等。

体育综合体

迪拜的 Sport Society 是此类典型。该项目一楼是竞技场，内设有高科技健身中心、蹦床公园、台球馆、攀岩中心等，零售业态仅为单层的小型奥莱，甚至项目的活动屋顶也可变身为运动场。

（4）数字化：突破空间局限的创新抓手

数字化几乎是被提及最多的词。但我们仍然要强调：评估品牌的未来运营能力，重新组合消费者想要的业态，理解消费者体验并倒逼服务升级，以及更多关于购物中心的未来，这些都与数字化有关。

购物中心作为平台，在无法控制货的供应链以及销售终端的当下，本质上可以起到三个作用：

- 协助品牌建立信任和号召力
- 基于位置、内容聚集的流量获取力
- 赋能场内的经营合作方

结合自身实践，我们对商业地产数字化做出定义：基于数字化知识和技术，以突破商场物理空间的开阔视角，将复杂多变的信息转变为可以度量的数字、数据和决策，对消费者的购买、服务与体验进行重塑。

商业地产数字化一定是以突破物理空间局限的视角，以提升业务能力为目标，以实体商业核心优势为抓手展开的一系列工作。

4 小结

面对充满未知的未来，我们习惯于寻找感性共鸣而非理性分析，用对未来的焦虑代替直面当下的思考。但未来的线索恰恰潜藏于当下的端倪中。在时代的洪流前，需要舍弃陈旧的经验模式，勇于试错，才最有可能领先于市场，抓住未来给予的机会。

在“变”与“不变”间定睛，不焦虑当下，不逆潮而行。

三　激活城市的商业活力，最关键的“抓手”何在

导语　被鼓励的夜经济，在北方却由于天气原因无法活跃起来；发了大量的优惠券，被拉动起来的消费却难以持续。消费活力、商业活力到底如何有效激活？投入资金和精力，短期效应和长期发展的平衡到底如何掌握？这样的问题引起越来越广泛的争论。

对于大多数人，当说到一个城市的商业发展，GDP、城镇化率、人均消费……这些衡量一个城市经济实力的硬指标会立刻映入脑海。是的，大多数人都会认为：城镇化率高、人均 GDP 高、经济发达的一线城市商业活力更佳。可是，高城镇化率和优等的基础建设，必然会带来商业活力的提升吗？

现实可能违背了大多数人的感知。近年来，一批城市在商业发展上实现了弯道超车。武汉、西安、成都、苏州……在购物中心新增数量上，在品牌商家首店引入频次上，或是商业运营的创新上，都创造了引人瞩目的成绩。到底这些城市做对了什么？还是商业线性进阶的发展趋势出现了改变？这些改变出现在哪些方面？RET 睿意德商业地产研究中心自 2017 年展开《中国商业地产活力 40 城》跟踪研究，希望通过监测与探究，为更多的城市提供借鉴和经验。

1 城市经济的硬实力，并不决定其商业活力

（1）城镇化率 40 年跃升 40%

过往 40 多年，我国城镇化率实现了举世无双的飞跃。1980 年，我国城镇化率还只有 20%；2019 年，已跃升至 60%。据国家统计局发布的《2021 年国民经济和社会发展统计公报》显示：2021 年末，全国常住人口城镇化率为 64.72%。而根据联合国预测，2040 年中国城镇化率将达到 76%。在这个过程中，城市商业的基础布局与建设也迅速完成，城镇居民完成了一轮又一轮的消费升级，成为诸多商业“创新”的聚焦。

毋庸讳言，和所有国家一样，中国城镇化率的高速增长，背后的推动力量是大规模的房地产开发。我们先将过往 60 年中国与全球其他较发达国家或地区在城镇化发展进程方面进行对比，如图 1–16 所示。

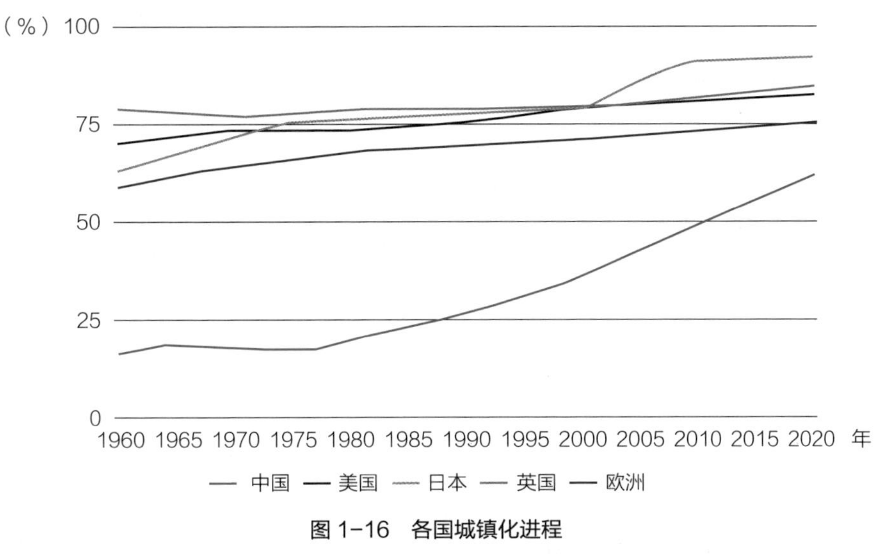

图 1–16　各国城镇化进程

数据来源：RET 睿意德中国商业地产研究中心

图 1–16 清晰地显示出，相比欧美、日本，中国在最近 40 年中城镇化率提升的速度更快。

我们再看各国在不同城镇化进程阶段的实现时长，如表 1–2 所示。

表 1-2　各国在不同城镇化进程阶段的实现时长

（单位：年）

国家	50%~60%	速率	60%~65%	速率	65%~70%	速率	70%~75%	速率	75%~80%	速率
美国	—		5	1.00%	8	0.63%	29	0.17%	27	0.19%
法国	—		6	0.83%	4	1.25%	28	0.18%	21	0.24%
意大利	—		11	0.45%	44	0.11%	—		—	
西班牙	15	0.67%	5	1.00%	7	0.71%	13	0.38%	31	0.16%
日本	10	1.00%	4	1.25%	6	0.83%	6	0.83%	27	0.19%
韩国	6	1.67%	4	1.25%	3	1.67%	3	1.67%	11	0.45%
俄罗斯	10	1.00%	6	0.83%	7	0.71%	30	0.17%	—	
巴西	10	1.00%	5	1.00%	6	0.83%	6	0.83%	7	0.71%
墨西哥	11	0.91%	7	0.71%	9	0.56%	14	0.36%	17	0.29%
平均速率						0.81%		0.51%		0.25%
国家	20%~30%	速率	30%~40%	速率	40%~50%	速率	50%~60%	速率		
中国	14	0.71%	11	0.91%	8	1.25%	9	1.11%		

数据来源：RET 睿意德中国商业地产研究中心

从各国城镇化在不同进程下实现的速率与时长来看，中国城镇化发展的速率也非常突出。按此速率，中国将在可预期时间内接近或达到其他较发达国家的水平。

（2）城镇化与人均 GDP：正相关，不等同

城市是现代化发展的重要标志，体现着资源利用、信息流转与创造的集约效率。尽管在社会制度、人口基数、经济基础和社会财富积累方面，不同的国家与城市间存在差异，但在城镇化过程中，所有的国家与城市都走了几乎相同的道路：以大规模建造驱动更多投资，更多的城市居民带来消费需求的增长，从而带来经济增长。排除战争、大规模灾害等不可抗外因，城镇化率与经济增长呈现正相关性是不争的事实。图 1-17 至图 1-21 通过 RET 睿意德中国商业地产研究中心数据，列举了中国与美国、英国、日本以及欧洲的城镇化率与人均 GDP，大家可以一起对比一下。

通过对比可以发现过去 60 年间，中国、欧美、日本的城镇化率提升与人均 GDP 增长之间都呈现正相关的关系。但进行回归分析后，可看出中国城镇化率的提升对人均 GDP 的影响力远低于主要发达国家。对于中国与其他欧美发达国家的数据，同样可以得出这一结论。

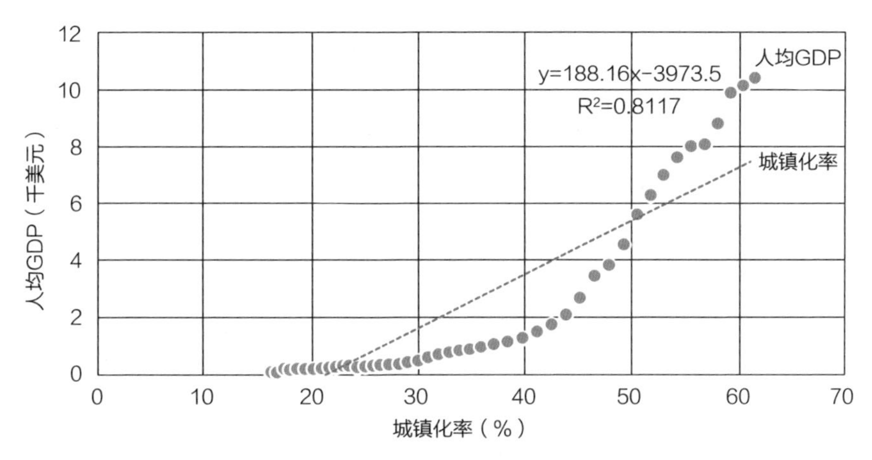

图 1-17　中国的城镇化率与人均 GDP 相关性比较

图 1-17 选取了 1960 年至 2020 年中国的城镇化率和人均 GDP 的历史数据进行相关性分析，得出以上线性关系函数。

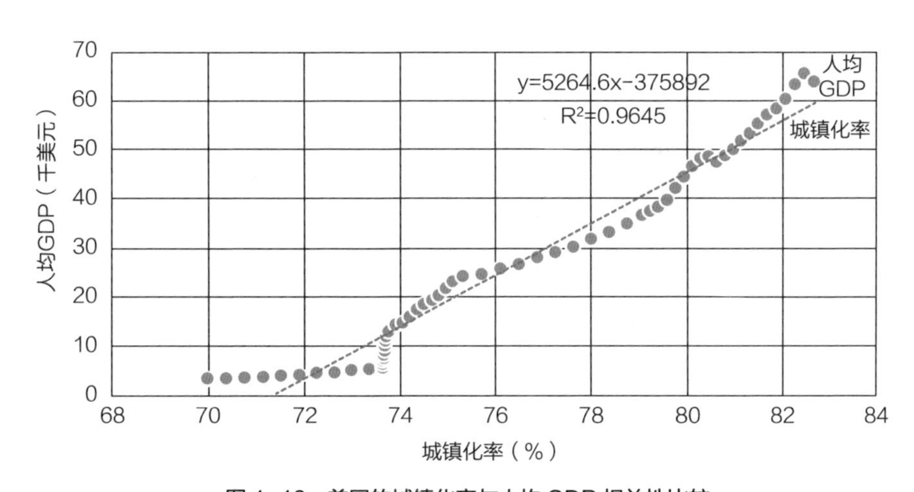

图 1-18　美国的城镇化率与人均 GDP 相关性比较

图 1-18 选取了 1960 年至 2020 年美国的城镇化率和人均 GDP 的历史数据进行相关性分析，得出以上线性关系函数。

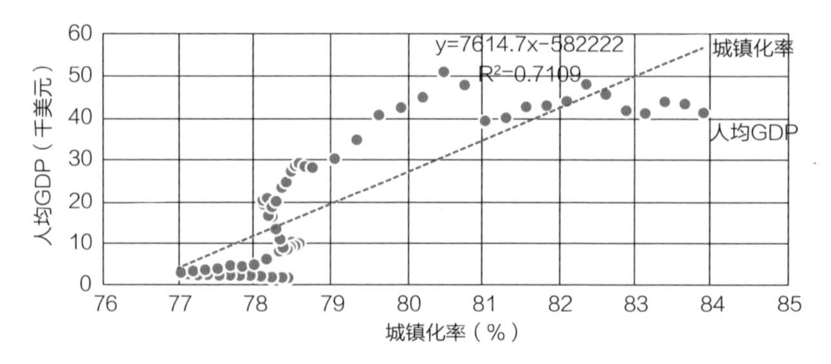

图 1-19 英国的城镇化率与人均 GDP 相关性比较

图 1-19 选取了 1960 年至 2020 年英国的城镇化率和人均 GDP 的历史数据进行相关性分析，得出以上线性关系函数。

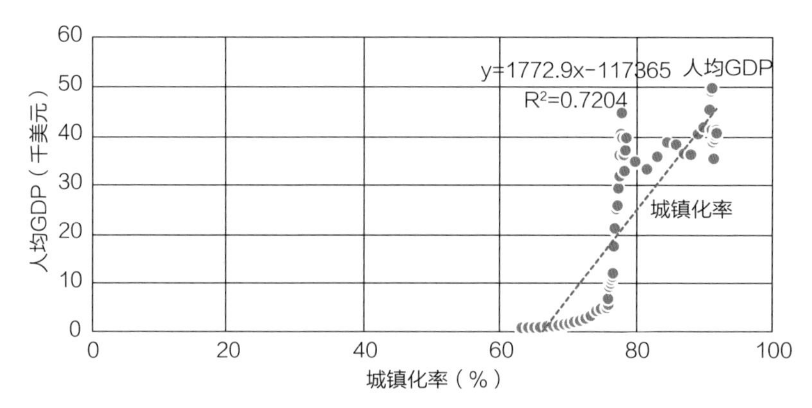

图 1-20 日本的城镇化率与人均 GDP 相关性比较

图 1-20 选取了 1960 年至 2020 年日本的城镇化率和人均 GDP 的历史数据进行相关性分析，得出以上线性关系函数。

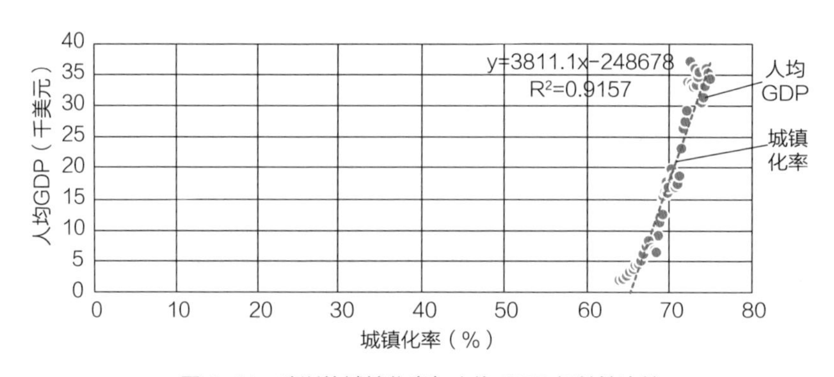

图 1-21 欧洲的城镇化率与人均 GDP 相关性比较

图 1-21 选取了 1960 年至 2020 年欧洲的城镇化率和人均 GDP 的历史数据进行相关性分析，得出以上线性关系函数。

所以，中国在城镇化高速发展过程中，经济发展仍需要更稳健的支撑和提质。

将目光拉回到国内，对比国内不同城市的城镇化率和人均 GDP 可以发现：城镇化的提升与人均 GDP 的发展确实呈正相关，但是成都、无锡、苏州等城市的城镇化率对人均 GDP 的影响远大于其他城市。

（3）高城镇化率不等于城市商业活力

对比 17 个代表城市的商业地产活力指数和城镇化率的排名，可以发现两者似乎并不是完全同步的，高城镇化率并不意味着商业地产活力水平同样的亮眼。

一线城市城镇化率和商业地产活力都稳定处于高位；但在新一线及以下城市中，城镇化率和商业地产活力水平则出现了以下两类分化：一类是以成都、重庆、西安为代表，商业活力发展领先于经济和城镇化发展的城市；另一类是以深圳、无锡、济南为代表，经济和城镇化发展优于商业活力的城市。

以成都为例，其人均收入低于广深、休闲设施建设不如广深的同时，某种意义上成都的商业价值更高，这说明，经济和城镇化发展并不等于城市的商业活力，如表 1-3 所示。

表 1-3　17 个代表城市商业地产活力指数、人均 GDP 和城镇化率排名

城市	商业地产活力指数		人均 GDP		城镇化率	
	数值（%）	排名	数值（元）	排名	数值（%）	排名
上海	89	1	156803	5	89.3	2
北京	79	2	164158	2	87.5	3
成都	62	3	84616	12	78.8	12
深圳	61	4	157575	4	100.0	1
广州	61	5	133959	6	86.2	4
重庆	59	6	78294	14	69.5	16
苏州	56	7	158220	3	81.7	10
西安	54	8	77360	15	79.2	11

（续）

城市	商业地产活力指数		人均 GDP		城镇化率	
	数值（%）	排名	数值（元）	排名	数值（%）	排名
武汉	53	9	126687	7	84.3	6
天津	51	10	101068	10	84.7	5
无锡	48	11	165778	1	82.8	8
郑州	48	12	95257	11	78.4	13
合肥	48	13	107212	9	82.3	9
济南	46	14	110198	8	73.5	14
石家庄	44	15	55778	17	70.2	15
徐州	42	16	82800	13	65.6	17
兰州	41	17	66219	16	83.1	7

数据来源：RET 睿意德中国商业地产研究中心

2 什么是城市商业活力的真正内涵

从城镇化率与人均 GDP、商业活力排名情况，可看到经济“硬指标”和基础设施建设并不等同于商业活力，二者之间并不是充要关系。那么，如何才能提升商业活力？

（1）如何理解“商业活力”

回答这一命题，第一个要解决的问题是“什么是商业活力”，能体现其内涵的定义是什么？一直以来，“商业活力”是一个被广泛提及的概念，但缺乏统一公认的定义。

从字面意思来看，“活力”指的是旺盛的生命力，包括现状、趋势和思想层面。在看城市商业活力之前，我们可以对比探究一下有成熟定义的“经济活力”，经济学学科对经济活力的经典定义是指“一国一定时期内经济中总供给和总需求的增长速度及其潜力”，而城市经济活力则是指“城市经济发展过程中的能力和潜力”，主要表现为经济成长的能力，引进资本和吸引高素质劳动力的能力。

商业就是要激活和利用运营空间、联合B端品牌租户，为C端满足需求。商业空间的用户具备双重性，一方面采取营销手段运营流量，为品牌租户提供价值；另一方面是利用商业空间与品牌商户一起服务消费者。

所以，“活力”一词的定义映射到商业，就不能仅解读为消费场景的人气，而应覆盖商业的内容、品牌和活动；既是商业空间的丰富优裕，商业内容的多姿多彩，也是消费人气的蓬勃旺盛，消费需求的充分满足。

基于服务实践与理论的研究，RET睿意德对“城市商业活力”给出这样的定义：城市商业场景因供需关系动态协同而呈现出的旺盛态势。本定义涵盖三个影响要素层：

第一，宏观要素层。产业构成与发展、基础设施建设以及人才引入、营商环境等硬性基建与软性运营要素；

第二，供给端在商业空间、形态、业态及品牌方面的丰富性、多样性，其在城市布局的完整性和系统性；

第三，需求端消费者的消费能力、消费意愿和闲暇时间分配。

图1-22对城市商业活力的三个要素层内容进行了概括。

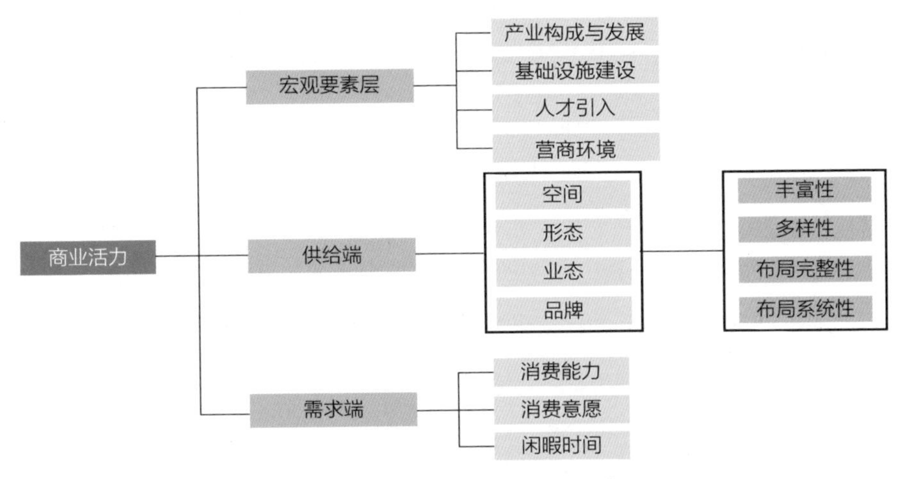

图1-22　城市商业活力的三个要素层

（2）消费能力和闲暇时间直接影响城市商业活力

上述关于“城市商业活力”的要素分析中，很多要素都是常被大家提及的，但是需求端的消费能力和闲暇时间却容易被忽视。

消费能力是我们探讨城市商业活力必不可少的部分。国家信息中心基于消费数据分析指出，居民负债快速增加，挤压了消费能力。比如房贷这一长期、巨额的负债将直接减少个人可支配收入，并可能抑制日常消费和影响未来的消费潜力。这一结论在不同地区甚至片区的研究中亦有体现。

以实现了商业活力弯道超车的武汉为例，东湖高新区（光谷）发布的《2020 东湖高新区创新发展报告》显示，武汉光谷地区产业群体薪资房价比在十家世界一流园区中排名第二位，说明武汉光谷的薪资支付房价的能力相对更高，负债相对更低，居民用于商业消费的可支配收入更高。反之，薪资收入高但可支配收入低带来的消费能力低，会成为抑制消费的一大因素。

影响商业消费的另一重要因素也常被忽略，这便是闲暇时间。自 19 世纪凡勃仑发表《有闲阶级论》以来，国内外对闲暇消费有较为系统和全面的研究。国内大量的实证研究表明，影响高低收入群体闲暇消费的主要因素有所不同：收入水准是制约低收入群体休闲消费支出的主要因素，而时间则是影响高收入群体的消费支出的重要因素。

这也能进一步解释为何成都、武汉等城市的商业活力排名高于广州、深圳，一方面是相对较低的房价带来的相对较高的可支配收入；另一方面，根据国家统计局 2022 年 4 月发布的数据，全国城市地区人口每周平均工作时长达 47.48 小时，湖北省城市地区人口每周工作时间为 46.79 小时，四川省城市地区人口为 46.67 小时，均低于全国平均水平，而广东省城市地区人口则为每周 48.98 小时，高于全国平均水平。相对较多的闲暇时间和可支配收入，提高了消费的可能性，进而促进了城市商业活力的提升。

（3）城市商业活力衡量的标准体系

RET 睿意德从 2017 年即展开了针对中国城市的商业活力的持续研究，并提出了城市商业活力评估体系，逐步成为诸多商业企业做投资选择和政府进行商业提振的重要参考。

RET睿意德曾为100多个城市商业担纲顾问与招商，其主导的城市商业活力研究不是理论性的研究，而是以实践性萃取为基础，追求对相关方的务实指导性。所以，研究工作所关注的不仅仅是经济发展水平等影响指标，软性指标也是重要的衡量方面，同时在时间维度上，强调的不仅仅是城市商业活力现状，更是其发展、变化的趋势。其中涵盖了4个一级指标和12个二级指标，其中一级指标为零售指数、休闲指数、购物中心指数和消费力指数，以逐级分解的关键指标构建城市商业活力评价体系。

随着互联网传播方式和商业逻辑的迭代，在2021年的《中国商业地产活力40城》的研究中，RET睿意德在以上研究框架的基础上，新增加了城市网红指数等维度的相关性分析，以内容指数、流量指数、热搜指数三大维度重新解构了衡量城市线上网络热度的指标。在商业创新部分，研究设立艺术、文化、商务、技术、人才等城市发展多维度指标，旨在从城市商业发展资源及潜力视角探究城市商业增长要义，如表1-4所示。

表1-4　城市商业活力指标体系

类别		权重	解释	指标	权重
评价指标	零售指数	0.30	零售业态发展水平	轻奢品牌城市偏好指数	0.33
				大众消费品牌城市偏好指数	0.33
	休闲指数	0.30	休闲业态发展水平	影音娱乐发展指数	0.25
				美食餐饮发展指数	0.25
				咖啡茶饮发展指数	0.25
				运动健康发展指数	0.25
	购物中心指数	0.30	购物中心发展水平	购物中心规模指数	0.50
				购物中心多样指数	0.50
	消费力指数	0.10	居民的消费意愿与消费能力	收入指数	0.33
				消费意愿指数	0.33
				消费结构	0.33

（续）

类别		指标	解释
软性加分指标	网红指数	内容指数	线上 UCG 和 PCG 内容总量
		流量指数	线上内容被用户打开以及传播的次数
		热搜指数	城市相关内容被搜索的次数
	商业创新指数	商业地产人才指数	对于商业地产领域人才的吸引力
		IT 人才指数	对于 IT 行业人才的吸引力
		文化艺术指数	运营商利用产品创新和迭代能力
		商务氛围指数	500 强企业、创新 1000 强公司的占比情况

城镇化、经济发展是城市商业活力的基础，但是除了“硬指标”外，可支配收入、闲暇时间会影响人们的消费意愿，这些“软指标”对于城市活力的影响越来越关键。

3 新样板城市都做对了什么

在普遍发力需求侧拉动的大环境下，各地政府均出台了刺激消费的不同政策。例如北京市着力发展“时尚活力型、商旅文体融合发展、便民服务型”夜间经济；天津市公布《天津市发展夜间经济十大工程（2020—2022年）》，强调完善配套保障措施，规范沿街商户外摆，推动夜间经济繁荣发展，更好地增强商业活力，拉动城市消费等；福建省提出升级商圈消费、打造消费地标、便利夜间购物、繁荣夜间餐饮、融合“网红经济”、延长经营时间、营造发展氛围等鼓励夜经济的措施。依据 RET 睿意德 2021 年商业活力指数的评估，多个城市借助有效举措实现了商业活力的“弯道超车”，以下将成都和武汉作为代表城市进行简要分析，看看它们有哪些富有成效的行动。

（1）成都：营造商业“新供给”体系，成效明显

2020年底成都十部门联合印发了《成都市关于持续创新供给促进新消费发展的若干政策措施》，聚焦场景营造、企业创生、生态塑造三个方面，推出16条政策措施，构建促进消费发展的成都逻辑——着力促进新消费创新供给，形成一批技术创新、产品创新、模式创新、服务创新典范，推动城市成为消费新场景试验田、消费新业态策源地、消费新模式先行区、消费新生态“培育场”。

加强基础设施建设，助力商业活力提升

构建健康完善的产业生态，赋能企业的持续创新发展，探索绿道特许经营管理体制，引导基金向新消费领域倾斜。成都将从数据资源开放、建设用地保障、拓宽融资渠道等方面给予强有力的政策支撑。

构建新消费企业孵化体系，创造供给侧更多新机会

一方面，构建新消费企业梯度孵化体系，具体包括分层分级、精准施策，遴选符合成都新消费发展方向的瞪羚企业、“小巨人”企业，给予资金扶持，将符合条件的新消费企业纳入新经济梯度培育企业库，提供各种支持。另一方面，支持批发、零售、餐饮、汽车等实体企业以数字赋能发展，要打造一批“电商应用示范企业”，支持开展跨境电商等创新业务。

多重措施齐下，提升城市营商环境吸引力

奖励标志性示范场景打造公园城市“红点”“奇点”，支持地标商圈潮购、特色街区雅集、公园生态游憩场景等八大类消费场景建设，并要在首店、小店、首秀、夜间经济等领域重点发展，大力提升跨境支付便利化，积极推动建设市内免税店，进一步扩大离境退税店重点商圈覆盖范围等。

以中商数据和成都零售商协会统计数据为参考，2021年上半年成都新开296家首店，远超2020年同期的119家，也超过了2019年上半年的237

家，总量仅次于上海、北京，保持在全国第三名，实现了成都首店经济提升的原动力体系构建——国际大牌集中度高、国内品牌精品化深、本地品牌创新力强的“三核聚力”。

此外，成都首店最突出的一个趋势是诸多知名品牌结合成都当地文化和消费属性，开出具有鲜明城市气质的创新首店，例如李宁全国首家城市主题概念店、西部首家喜茶古风主题店等。

出台优惠政策，推动人才集聚

不论是RET睿意德的人才指数，还是新华社发布的“2020中国人才指数”，成都在此方面都保持了较高水平。这与成都的人才引进政策息息相关，包括优秀海外高校应届毕业生创新创业支持政策、引进急需紧缺技能人才政策、海内外优秀大学生和青年人才支持政策、青年人才落户支持政策等。

（2）武汉：长效与短期“新政策”促动，逆境突围

消费券和活动以点带面，迅速重振信心

首先在武汉解封后的第十天开始第一波消费券的发放，并联合阿里巴巴、腾讯、美团等互联网头部平台同步发券，之后在春节、中秋、国庆、双十一、双十二等均发放多轮优惠券，刺激经济回暖；此外，还积极组织促销活动，围绕“网红”“武夜”“国潮”“双节钜惠”和“云上乐购”五大板块，推出系列促销活动，营造消费氛围。

全面开展行业扶持，促进行业复苏

根据《武汉市激发消费潜力促进消费升级的若干措施》，武汉通过举办多类型活动、博览会、赛事等举措着力促进文旅休闲消费；通过发放激励奖金等形式鼓励支持旅游行业复苏；大力支持商贸企业做大做强：鼓励并奖励商业综合体和街区引进高端商业品牌首店。对年度销售额同比增长一定幅度的零售、餐饮、住宿企业给予奖金支持，鼓励开展促销活动，按30%的比例奖励各企业在2021年9月至12月期间因开展主题促销活动和补贴防疫支出。开展系列活动，支持老字号企业加快振兴；通过奖金等形式鼓励品牌开拓线上渠道，支持新型消费加快发展等。

开展“武汉英才”计划，提升武汉人才吸引力

引进集聚一批具有国际水平的战略科技人才、产业领军人才、优秀青年人才和高素质技能人才，提升城市人才吸引力，优化人才结构，推动武汉商业高质量发展。

可以看到，成都和武汉都不仅仅出台了发放消费券、举办促销活动这种以点带面的短期政策，还包括产业扶持、营商环境打造、人才引进等长期的经济措施，以及商业消费的基础建设等，从微观到宏观、从经济到人才、从基础设施建设到城市精神气质打造等，实现了较全方位的体系化建设。

4　小结

对于城市而言，发展经济是一种能力，激发商业活力是另一种能力，打造产业链和构建消费生态需要截然不同的思维，甚至两者在文化上还存在相当的冲突。所以，发展消费、激发城市商业活力，对于很多城市实质是一种“转型”——下一阶段城市发展对商业倚重越高，这种转型的跨度就可能越大，要求相关方结合自身的优势禀赋，回归“如何激发商业活力”的本源进行思考，以终为始地做出科学规划与引导。

四　对比美国 2022 年趋势思考国内商业现状与未来

导语　如今，消费意愿紧缩成为购物中心运营的挑战。对比美国，我国发展阶段不同，市场环境也不同，但在当下，对于受挫严重的商业实体来说，不妨拉大视角，对比两国行业趋势，可以帮助自己更好地思考如何应对复杂而快速变化的未来。

《福布斯》杂志一篇专栏文章中，对于美国商业发展趋势有着下列一些预判，我们一起看一看这些预判，它们是否同样适用于国内商业呢？

美国实体商业仍然是零售购物的关键力量

1　趋势 1：实体店仍然是零售购物的关键力量

2021 年，美国线上零售总额超过 1 万亿美元，但实体商业的力量仍然不可小觑。

在美国零售销售总额中，有84%的比例来自实体商业。实体商业将变得更具体验性，并在购物过程中融入更多的数字技术。比如将二维码用于产品描述和信息、查找库存或展示产品使用情况；将手机与店内购物相结合，以进行价格和库存检查，以及无感结账。

社交互动和购物是美国人最大的消遣之一，随着新冠疫情带来的恐慌褪去，消费者将释放更多的消费潜力。

对比思考

对比国内，从《关于2021年国民经济和社会发展计划执行情况与2022年国民经济和社会发展计划草案的报告》中来看，国内2021年线上零售占比24.5%，美国目前是16%。在疫情之前，美国线上零售占比还是个位数。显然，因技术成熟与疫情影响，美国的线上渠道呈现了快速的增长势头。

国内商业的线上交易份额更高，实体商业在无差异货品的渠道竞争上面临挑战。于是，实体商业纷纷“触网”，线上线下协同运营、融为一体。

近两年来，国内各级政府积极出台政策，通过促进线下消费、加强电商治理等措施，对于实体商业的营商环境带来利好。实体商业运营关注的焦点需要从线上线下相互争抢的“零和游戏”观念，转到提升运营能力的视角上。

2　趋势2：缩小在线购物和店内体验之间的差距

在过去的两年里，美国零售商努力拥抱互联网，在线购物和商店到访相结合，为消费者创造出更好的消费体验。消费者可以在线购买、店内取货，在商店没有库存时也可以直接由供应商发货。这为消费者带来了更多的便利。

对比思考

与美国一样，国内的购物中心在线下销售受阻后同样谋求在线上销售的增量。目前国内商场代运营有两种类型，一种是代运营场内品牌货品。从实际情况来看，百货比购物中心具有更好的先天条件；另一种是由代运营公司选货，打通物流及线上运营端到端的通路，这其中代运营商的选货与渠道运营组织能力是关键。

购物中心的运营者需要注意，对线上运营的预期目标需要更加客观和明确。如果企图依靠代运营将线上流量转移到线下，受线上通路及购物中心自身数字化搭建能力的限制，目前并未看到有效路径。从实际运营效果来看，睿意德更建议将目标聚焦在线上以增加收入。

3 趋势 3：购物在社交媒体上风靡一时

美国商业地产行业专家在零售趋势在线研讨会上预测，社交媒体的营销传播是一个关键的增长领域，并预判市场会释放出 450 亿美元的消费增长空间。

消费者期待通过社交媒体看到更多适合自己的商品及更优惠的价格；零售商和品牌商可以通过社交媒体提供更广泛的产品，实现品牌、零售商和影响者之间的联动。TikTok 用户最近使用标签 Tiktok made me buy it 发布最新购买的趋势，该标签拥有超过 30 亿的浏览量。亚马逊等零售商正在策划来自 TikTok 畅销书的在线分类。

对比思考

在国内，线上直播行业迅猛发展，如今受到系统性的规范管理，线下线上商业逐步走向理性融合发展的态势。

直播行业和电商平台对轻奢品牌销售业绩增长拉动显著。从现阶段看，商业品牌在线上的渠道搭建比线下拓展更为积极。相对于线上的纯渠道属性，娱乐感和体验感更强的线下实体商业如何增效是个现实问题。社交媒体的传播效率毋庸置疑，在当下社会生活中扮演的角色也日益重要，在商业的增长进化与发展新篇章进程里，善用社交媒体者一定不会缺席。

4 趋势 4：配送服务的“实时交付”比例更高

在美国，零售业的各个领域都出现了第三方配送服务商的参与。越来越多的零售商为消费者提供当日送达服务，甚至是两小时内上门服务。

中间仓与社区配送中心在不断投入使用，这些配送中心是消费者聚居地附近的最佳触点。零售商正在使用这些物流点位，把商品送到消费者的家中。部分品牌商店已成为交付中心，拣货员在过道上搜寻消费者订单。在交付环节，自动化影响甚深，比如沃尔玛正在使用机器人在较小的交付型门店为线上订单检索商品。这推高了消费者对于消费交付的预期，他们可能期望看到由无人驾驶车辆将商品送上家门。

对比思考

对比国内购物中心，“以人为本”的运营理念被提及多年，但受运营成本和利润增长的管理限制，真正在服务方面的创新并不多见。比如商品派送基本依托品牌自身的配送快递服务，商场内增设快递服务、场内寄存，以及联合社区物流点位进行社区配送……这些服务细节还少有见到。

另外，在运营竞争趋势加剧之下，满足刚需和以人为本的服务将成为未来客户黏性的竞争起点，购物中心需要更多地倾听消费者，特别是核心会员的心声，将资源与服务投入消费者更可感知的价值服务上。

5　趋势 5：缩减和更精选的分类

在过去的一年半里，供应链中断的比比皆是。对于 SKU 比较丰富的许多零售商和品牌来说，挑战尤为明显，许多零售商因此大大减少了 SKU。消费者正期望在款式、颜色或功能方面找到更适合自己的商品。

美国消费市场供应过剩的状况由来已久，商品选择种类繁多，尤其是在包括服装、配饰和鞋子在内的时尚商品类别上。由更少的选择和更好的分类形成的个性化消费解决方案，将为客户带来更好的购物体验。

对比思考

在过往经济大波动期间，美国与日本商业出现了场景更加细分的趋势，“一元店”“折扣店”“临期店”都取得了不错的发展。国内品牌的创新投入过往几年聚焦在信息化基础上的柔性供应链，以减缓库存在波动期的压力。

对于购物中心，特别是区域级商场，在业态以及创新品牌的选择上，可以关注品牌在细分场景下的创新物种，以降低可能的空置率提升。

6 小结

高昂的人工成本一定程度上限制了美国商业的发展，也为其商业发展指出了新方向。美国企业发展线上购物，更多是发现了线上购物端到端的便利性。中国电商产业更为发达，我们可以更好地发挥产业与生态优势，整合选品、供应链、交付能力，提升整体运营效率。㊀

㊀ 参考资料：原文链接为 https://www.forbes.com/sites/shelleykohan/2021/12/26/the-5-biggest-shopping-trends-for-2022/?sh=429f66bb7498。作者为《华尔街日报》、路透社及福布斯顶级商业专栏作家及教授雪莱 · E. 科汉。

第二章

增长新核心：为消费者创造价值

章前语

产品化、场景化、数字化、证券化、轻资产……商业地产在不断演进变化，其关注的热点也不断转变。但最终，行业应该回归到为消费者服务的初心，从为消费者创造价值为基点再出发，塑造消费体验。

从前的商业，主要解决人们的衣食住行问题；现在的商业，则要倾听人们的心声，用种种创新丰富和提升人们的体验。这样的挑战，商业人应该如何应对？

一 存量时代的增长核心：创造以客户为中心的“体验场”

导语 不断创新是增长的原动力，创新是创造新价值，商业地产的转型变革期的创新要回归本质，围绕着以客户为中心，凭借为客户创造价值赢得生存和发展，以精益运营和数据分析为手段，以组织机制和文化的变革为解决方案，最终得以实现资产的增值。

十年前，商业地产曾掀起“去百货化”的浪潮，购物中心尝试淘汰“大而无当”的百货、超市等主力店，甄选更吸引客流的品牌与业态。

如今，随着时间的推移，购物中心对于品牌与商户的认识又有了新的变化。以前，连锁品牌店是购物中心最为热衷的招商对象；如今，购物中心在努力引入更多的独立品牌，数码产品甚至新能源汽车成为购物中心标配；“百货化”反而成了新思潮…… 数年间，“快时尚”从兴起到衰退，餐饮从“大而精”逐步走向“小而全”；购物中心的运营者开始重新重视坪效与销售额，大面积自营品牌也开始在一定范围内试水。这一切现象，让我们回归到商业人始终在求索的核心问题：什么才是对消费者的核心价值？

1 存量时代的增长困惑

商业地产步入了存量阶段之后，一批企业希望寻找新的收益增长渠道，它们进行了多种多样的尝试，“商业地产产品化”就是其中之一，还有场景化、数字化、证券化、轻资产……都曾引起市场热议与大批企业的“跟风”。

所有这些“风口”与“潮头”，其实质都是在发问：存量市场中商业地产的新增长极在哪？遗憾的是，这些尝试都像是打不中靶心的子弹，尽管势头强劲，却少有带来实际收益的实践。

（1）难以落地的“产品化”

“产品化”也好，“场景化”也罢，为什么这些尝试很少收到真实的效果？那是因为，人们还企图用增量时代的逻辑来解决存量时代的问题，如果靶子已经更换，再先进的枪里射出的，也只能是打不中靶心的子弹。

比如，我们在工作中就收到不少围绕产品线的需求。有人想要“做区域、县域经济下的产品线”，有的说“我们有很多存量资产，盘点后需要给出产品线发展方向”等。

但是，当我们详细追问，为什么要实现商业地产产品化发展，或是问起商业资产未来在集团产业布局中的角色与要达到的目标，回复就模糊起来，大多以“我觉得”“我想应该”开篇，回答的内容也听起来差不多，或是配合地产开发快速取地，或是让商业资产实现经营性收益。

因为目标模糊，这类提案往往劳而无功。某些企业甚至不惜花费重金请来大牌战略咨询公司解惑，然而战略咨询仅从宏观层面做判断，提出诸如自运营、打包资产化、外聘运营服务商这类普适化的解决方案，无法解决实际问题。

多数时候，产品线研究是企业集团商管部门或商业规划部门的责任，这些部门并不具备集团高层级的信息资源和全局视角，也无法真正将案头研究落到实处。

（2）“一招鲜”是新周期下的最大危机

与不切实际的提案相比，更应该警惕的是其背后的思维逻辑：指望用“一招鲜”的方式，解决存量时代商业运营的各种问题。应该指出：增量时代留下的“一招鲜”式解题法，是对消费者创造价值的最大阻碍，更是新经济周期下的最大危机。

十几年前，购物中心在全国“跑马圈地”，中国商业地产的发展也因此进入一个里程碑式的新阶段。那段时期，以万达广场为代表，购物中心被视为可规模化的标准产品，并通过复制取得规模收益。当这种横向的扩张达到了某个节点时，就自然推动行业进入了新的周期。

目前，国内主要城市都存在因开发过度导致的城市商业密度过高问题。“批量化”生产的购物中心之中，相当大的一部分正处于亏损、微利甚至难以为继的状态。在睿意德的服务案例中，同样存在大量因为散售受限转而自持的“勾地”项目。如今，地产企业融资艰难、现金流承受巨大压力，这部分连年亏损的商业项目正逐渐成为企业新的包袱。在这样的背景之下，仍旧沿用上一个经济周期的战略思路，无疑是非常危险的。

在供给方面，区位良好的商业用地非常稀缺；即使有幸拿到地，购物中心的一层大铺该如何填充？随着快时尚的衰退，可供量化拓展的优质品牌也面临资源紧缺，在“量化”“标准化”的思维逻辑下，招商将面临越来越大的困难。

另外，需求侧的消费者则不断地提出难以全覆盖的个性化需求。在这种情况下，指望用“一招鲜”就“吃遍天”已经是痴心妄想。

2 增长难点何在

土地红利和市场红利消退后的存量时代给当代商业发展制造了大量的困惑，我们一起来梳理一番。

（1）增长遭遇瓶颈

行业增长的瓶颈来自于多个维度，一方面，国家政策层面的行业管控，导致开发商土地获取难、成本高；另一方面，改革开放以来，经过四十多年的时间，国内市场经济高速发展，商业地产行业已臻成熟。在一个成熟的市场里，每个市场单元都面临着相同的问题：由于创新框架收窄，差异在缩小，同质化现象普遍存在，最终行业的议价能力集体下降。

从图 2-1 可知，商业地产供地面积呈下降趋势。

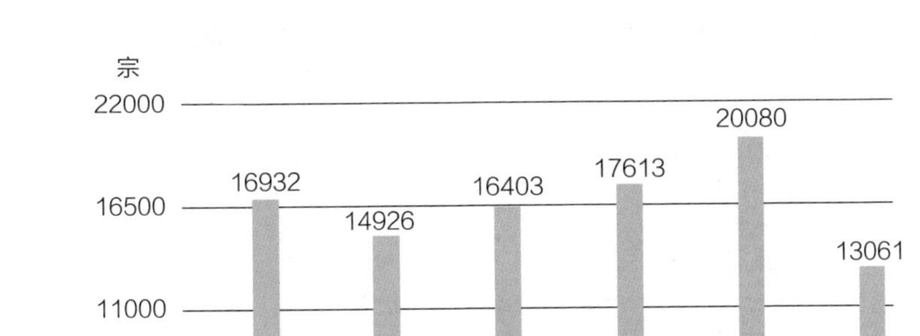

图 2-1　2016—2021 年商业地产供地宗数变化

注：2021 年数据包括 1—10 月数据

数据来源：RET 睿意德中国商业地产研究中心

由图 2-2 可知，2016—2020 年全国商业地产推出规划建筑面积基本呈上升趋势，而在 2020 年后，出现了幅度较大的下降。

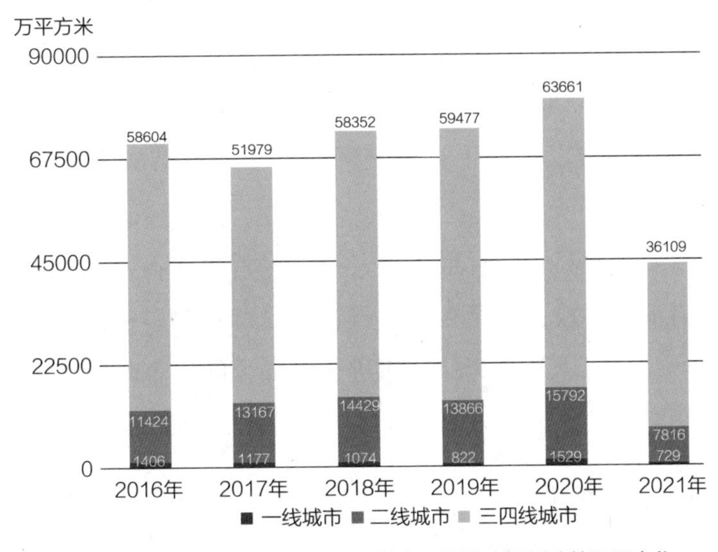

图 2-2　2016—2021 年全国商业地产用地推出规划建筑面积变化

注：2021 年数据包括 1—10 月数据

数据来源：RET 睿意德中国商业地产研究中心

而从图 2-3 可以看出，2020 年后，全国一、二、三线城市商业地产供地和成交量都在下滑，“增量时代”的游戏法则已经不合适了。

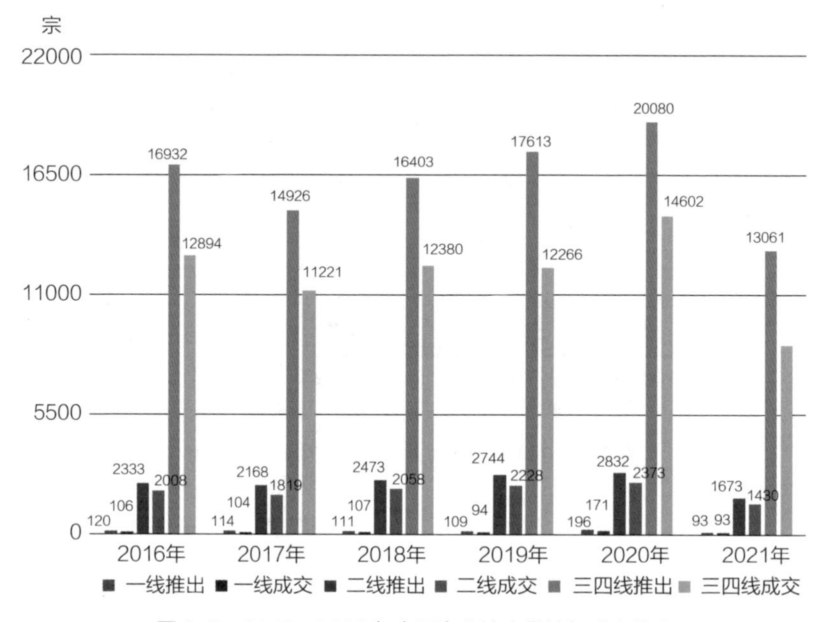

图 2-3 2016—2021 年全国商业地产供地与成交情况

注：2021 年数据包括 1—10 月数据

数据来源：RET 睿意德中国商业地产研究中心

（2）高烈度竞争的必然

增量上的增速难以获得，存量之间的竞争就逐渐成为行业当前聚焦的主题。

在城市商业密度高企的背景之下，商业经营面临着无孔不入的竞争，如何防止消费者流失，成为运营人的每日课题。购物中心在国内已实现从功能时代过渡到产品时代，又从产品时代进化到如今的内容时代，流量变得弥足珍贵，如何获取流量、运营流量，每过三到五年，就会迎来新的挑战。

（3）运营提升的考验

随着国内经济发展进入“新常态”，粗放式管理无法获得更多的收益，精益运营就自然显得尤为重要，业绩提升成了核心 KPI。过去，购物中心往往只看重客流，如今，天平的重心正在重新调整，坪效的重要性开始提升。购物中心作为一种商用资产，开始比拼关键的资产升值能力。运营流量从来不是新话题，但如何从流量中获取更高的收益，在存量时代中，则决定了竞争中的成与败。

（4）回归本质的思考

尽管市场变幻莫测，但仍有其逻辑可依：经济周期已至，购物中心正亟须里程碑式的行业创新。而所有创新都要回归到商业本质：以客户为中心，凭借为客户创造价值赢得生存和发展；建立以精益运营和数据分析为手段，以组织机制和文化的变革为保障的解决方案，最终得以实现资产的增值。

在众多购物中心的竞争中，谁能将商业本质理解得最透彻、贯彻得最到位，谁就更有可能在通往增长的创新之路上，走得更长、更远。

3 购物中心下一轮创新：打造“体验场”

商业地产增量时代的红利期已经成为不能回去的幸福时刻，传统企业不得不更多地着眼于运营优化和成本控制。创新不再可有可无，而变成了生存和发展的必要条件，如何通过创新实现增长成为核心命题。

面对这个问题，首先要解决的，即是如何逐渐摆脱用“技术解决技术本身”的惯性，跳出已有的舒适区，找到用产品力和运营力激活商业的生态价值。

（1）消费升级带动购物中心嬗变

时代不同，消费变化，商业自然会呈现不同的形态。

早期，市场供小于求，消费者的根本诉求在于功能性的满足，商业地产由此进入高速增长周期；此时的功能型购物中心应对的是以交易为主导的“交易场”。货品丰富充足，交易顺畅便捷，就能满足消费者的需求。

在产品时代，消费发生了质变，消费者产生了更高品质的多元消费需求，更看重商品和服务的品质与品牌，看重消费的多元化。由此，购物中心升级为以品牌经济为核心的“生活场”。全国各地因此多点开花，出现了大量的一站式购物中心。

而在当今，整个市场的供给增幅远大于消费的需求增幅，整体消费增速放缓，消费者的需求由“功能和品质”主导转向了由价值观和个性表达的“体验”主导。购物中心也应时而变，成为以创造美好、独特的体验为核心的“体验场”。而“体验场”无法批量复制，如果按照产品时代的思维去打造，就会处处掣肘，难以成功。

（2）“体验场”融合了百货与购物中心的优势

一个“体验场”形式的购物中心，到底是什么样子？

1998 年，《哈佛商业评论》上的《欢迎进入体验经济》一文提出了“体验经济”这个概念：

> “体验经济，是以服务为舞台，以商品作道具，从生活与情境出发，塑造感官体验及思维认同，以此抓住顾客的注意力，改变消费行为，并为商品找到新的生存价值与空间。”

于是，以往被购物中心冷落的设计师品牌频频走红社交媒体；曾经大红大紫的快时尚品牌接二连三闭店；一场花费数百万元的美术陈列，效果可能不如网红发的一条短视频……其背后的逻辑，都是因为其创造、分享的感受获得了人们的认同。

从购物中心的变化来看，我们发现，在体验时代，“百货化”的思潮重新开始涌动。百货拥抱购物中心，购物中心百货化已成为行业最前沿的重要探索。

在购物中心刚刚崛起的时期，曾经叫嚷“百货时代已成为过去”；因为那个时候，购物中心供小于求，自然心气高傲；增量时代只要把购物中心建成，就可以依靠金融与地产的运作盘活大笔资产。

发展到今天，购物中心早已不稀奇，甚至在很多地方已经供过于求。所以，购物中心反而要回归到商业地产的根本经营问题上：如何更合理有效地利用建筑面积产生最多的收益。在这个问题上，百货显然拥有最多的发言权。

日本台场 Diver City Tokyo Plaza

从某个角度看来，“体验场”可能是百货与购物中心的融合。一方面，购物中心要学习百货的数据运营、洞悉消费以及商品运营能力，解决来自内部的增长瓶颈，解决精益运营的缺口；另一方面，购物中心要充分发挥空间运营、品牌构建方面的优势，为消费者提供更好的消费体验，成为竞争层面的利器。可以说，“百货”象征着通过丰富 SKU 达成流量的高效转化，购物中心象征着通过富有舒适与乐趣的空间获取流量，那么两者的结合自然成了应该提上日程的“创新”探索，这正是“体验场”成立的重要契机。

因此，一方面，当前商业地产运营方开始对运营效率越发重视，人气品牌的选址有面积缩小的趋势，品类集合店在礼品杂货、潮流玩具、美妆等领域出现并引发潮流。另一方面，购物中心除了空间与场景层面的创新，还会迎来体验创新，乃至服务创新，并通过打造客户亲近区域提升至卓越运营创新。也即是利用有限的建筑空间，使商业内容与消费者发生更丰富、更深化的交互，从而获得现金流与资产增值的收益。

值得欣慰的是，与“体验场”相关的创新尝试在业内已有尝试。

一些新开业的购物中心，创新地引入了跨界的自媒体思维，通过数字化手段将会员机制融入了“KOC孵化计划”与电商平台常见的“千人千面”系统。在传统会员体系中，消费者通过一定的消费额度换取积分，并兑换相对应的礼品或优惠券等。而在新模式中，积分制度与影响力并行——消费者可以通过消费获得积分，也可以凭借影响力的提升实现会员等级的升级，甚至最后与项目签约成为KOC（关键意见消费者），商场的消费者也成为传播商场影响力的自媒体。为了确保会员体系的良性运行，运营方针对不同的消费者场景设计了多种KOC分享机制，并通过任务奖励设置，鼓励消费者向更多潜在消费者种草，施加影响。

一些住宅、公寓与商业同开的项目，推出了具有协同效应的积分系统，消费者在其住宅、购物中心以及公寓等各类产品中消费所得到的积分，都可直接在上述场所以及相关的线上平台上兑换诸如租金抵扣、服务费折扣、物业费折扣或是其他相关商品或服务。如此，项目的住宅用户就顺理成章地被锁定在其购物中心消费，其过程中产生的数据又会再反哺到项目上，不断加强运营能力。

（3）“体验场”遵循的原则

各家购物中心的创新有先有后，效果也各有不同，但其背后都遵循了两大原则作为其根本保障。

第一，购物中心从品牌视角转变为消费视角。

在增量时代，购物中心的运营是场景运营；在存量时代，购物中心的运营由流量运营、场景运营和会员运营共同构成。流量入口、用户留存、转化变现三要素，构成了购物中心运营模式的闭环，“赢得流量”和“去化货品”成为相互协同的系统化连贯动作。

为了完成这样的动作，运营人不得不将工作中的品牌视角转换为消费视角。购物中心的运营工作将建立在与消费者的直接有效连接上：如何直接管理客户体验，如何及时锁定新需求，如何响应消费者的声音……对场内消费体验进行高效管理的能力将彻底成为未来购物中心两极分化的分水岭。

购物中心的运营工作将建立在与消费者的直接有效连接上

目前，购物中心对消费者的了解主要委托传统的调研公司进行，但传统的调研方式存在严重的反馈意愿不足、反馈易出现盲区等诸多问题。现在头部购物中心开始反思，与其隔层纱去了解消费者，为什么不建立直接面向消费者的沟通渠道呢？

从消费视角审视购物中心，社交、休闲、消费体验感极难被取代，相比线上购买粗暴的同款比价，实体购买过程中，消费者“完美的自我体验”的获得显然将是重要的发力点；从品牌视角来看，购物中心仍然是主要交易渠道，从全国社会零售额的分配来看，线上交易额占 25%，线下仍占 75%，具有相对稳定大流量的易获优势，且仍是品牌内涵塑造及溢价的重要场景。

第二，打造以服务消费者为核心的商业组织。

回归消费视角固然是值得称赞的重要认知转变，但有了认知转变，仍需强有力的执行力量作为商业韬略的实在载体。

在很长一段时间里，执行文化是企业能力的象征；但在以竞争为主题，以多变、快节奏为关键特征的经济周期里，执行文化很多时候反而成了创新的最大阻碍。有一句话说得很对："规则越多，自由越多。"任何先进或科学的规则，在持续足够长的时间之后，都会形成一种固定的利益分配格局。而既定的利益收获机制，换来了固定的思维模式与抗拒改变的态度，创新也因此更加艰难。

因此，我们与合作伙伴开展数字化业务时，双方在理念和价值观上的契合是我们最关注的合作要素。巨大船队的航线升级，必须具备冲出舒适区的决心与关键性的组织能力。将以品牌经济为驱动力的组织，转变为以体验经济为驱动力的组织，也许会比巨大船队的调整更为艰难。能够在未来通过持续为消费者创造价值并保持不断发展的组织，必然会将现有的组织关系彻底重构，洞察消费的软性能力提升会渐渐压倒供给层面快速招商的硬性能力。

打造一个以服务消费者为核心，以打造更好的消费体验为愿景，并将之奉为核心驱动力的商业组织，正是下一个行业龙头活跃的关键契机。

4 小结

从结果导向到实力导向，是目前国内商业地产需要集体思考的问题。

商业地产已经步入了存量阶段，整体消费增速放缓，消费者的需求由"功能和品质"主导转向了由价值观和个性表达的"体验"主导。购物中心的运营工作将面临革命性的改变：从以品牌和品质为核心的"生活场"转变为以创造美好、独特的体验为核心的"体验场"。此时，购物中心面临的挑战是如何真实、直接地与客户连接，如何打造适应体验经济时代的组织架构。在此基础上，种种创新才成为可能。

从原始社会到奴隶社会、封建社会一直到社会主义社会，物质供给越来越丰富，人的根本需求也从生存、人身、阶级进化到了经济，而在其中始终不变的是人对自由的追求。对于当代人而言，“自由”的核心便是围绕着经济展开的经济自由。对这种自由的追寻嵌入购物中心的空间中，将会带来怎样的景象？

无论时代怎么变，消费趋势如何难以捉摸，消费的基本出发点是不会变的。商业地产的魅力就在于将人的智慧、情感、想象甚至潜意识装入千姿百态的建筑空间。正如丘吉尔所说，“人塑造建筑，建筑也塑造人”。我们期待在这个时代，诞生足以代表时代精神的商业创新，诞生为一代人树立精神丰碑的商业建筑。

二　可持续的增长 = 消费者 + 运营效率

导语　商业地产的转型变革期的创新要回归到本质，凭借为客户创造价值赢得生存和发展。为客户创造价值，就要识别谁是客户，为他们创造什么价值，这个价值空间有多大，可否突破？以客户体验管理为核心抓手，以客户视角真正了解和洞察消费，是存量时代购物中心实现创新增长的途径。

每家购物中心都希望增加会员、增加复购，但我们首先应该思考，能为客户提供什么独特价值和惊喜。而要为客户创造价值，就要识别谁是客户，为他们创造什么价值，这个价值空间有多大，可否突破？

传统的 KPI 已经不够适用，以 CEM（客户体验管理）系统为核心抓手，可以帮助购物中心向着“以客户为中心”的方向做出真实的创新。但如何搭建契合购物中心的客户管理产品，如何使其为运营提效、实现增益却不那么容易。单一的工具化思维是造成客户管理运营无效的核心认知误区，有意识地通过运营产品培养数据分析能力及消费洞察力，是购物中心运营团队应对未来的长久增益。

1　新运营时代，消费者满意度调查已经不适用了

购物中心的运营创新，要建立在与客户进行积极、顺畅的互动基础上。真正看到客户，了解客户的需求。

以往，与客户的连接只能依靠一年一度的消费者满意度调查。在许多购物中心，消费者满意度调查成为运营团队 KPI 考核的重要一项。那么，这一调查能否真正提高运营效率呢？

从管理层的角度看，进行消费者满意度调查，是希望了解各项目运营的真实情况，通过评估进行绩效衡量，促进优化和提升。而在具体操作中，这项 KPI 让运营团队疲于应付，一年一次，仅仅为考核而考核。可以说，这样的消费者满意度调查既无法实现管理者看到"真相"的目的，也难以起到消费体验改善的作用。

消费者满意度调查皆是利用既定问卷进行，问卷事先设定了答案的类别和选项，不开放的引导可能会造成回答的失真。这种方式的弊病显而易见。

对于集团管理：

- 无法形成可信服的考核依据和标准；
- 真实性难以确保，仅能了解概貌，无法形成动作执行指导，给项目赋能；
- 在无法与消费者直接建立连接的情况下，对潜在风险无法预判和避免。

对于项目管理团队：

- 委托第三方执行，第三方可能再度外包，其真实性难以保障；
- 年度客户调查问卷内容过多，往往一张问卷涵盖 80 多个问题，客户填写意愿低；
- 样本覆盖率有限，样本与真实客户分布难以保障；
- 每年只做一两次满意度调查，难以做到及时反馈；
- 受问卷长度限制，问题难以细化并指导改善，且改善工作不可追踪；
- 每年样本前后不一致，无法形成留存与改善对比；
- 运营经验难以留存。

除此之外，当前使用的运营系统还很难做到实时和场景式客户体验反馈。我们所说的消费者不是个体，而是一类消费群体，要发现群体的消费喜好，挖掘其消费新需求，就要更多地了解他们的信息，比如，从事哪一类职业，家庭构成是什么样的，闲暇时间如何消遣，等等。而这些，在常规的商场会员体系中很少见到，即使办了会员卡，会员数据往往维度不全，仅留存手机号和因会员积分而获得的交易数据，无消费体验交互数据，难以对会员建立立体识别，从而无法制定更精准的运营策略。

2 数据挖掘、分析能力 + 消费体验提升，CEM 进入眼帘

进入存量时代，企业应该回到经营之本，思考增长突破的问题。所谓经营之本，要具有存在价值，即要为客户创造价值。为客户创造价值就要识别谁是客户，为他们创造什么价值，这个价值空间有多大，可否突破。所有这些问题，与其费尽气力做第三方调查，不如直接听客户反馈。

然而，在购物中心领域，至今却没有一款专门为购物中心打造、契合客户体验管理的产品。反观银行、医疗、汽车这些直接 2C 的行业，在客户体验管理方面都已有不少的经验。平台化、2B2C 模式下的购物中心，迫切需要在优化体验上进行尝试。

在思考什么样的创新可以带来存量时代实体商业增长的分析中，CEM 对于购物中心的价值逐步显现出来。

什么是 CEM？其全称为客户体验管理（Customer Experience Management），指设计和响应客户交互，以达到或超过客户期望，从而提高客户满意度、忠诚度和拥护度的做法。

实体商业开业后交付商品与服务，服务要以客户第一的视角，真正了解和洞察消费，这一能力需要从传统消费满意度调研的被动转为主动洞察。传统调查问卷的方式有诸多弊病，而 CEM 的价值就在于能够实时获得体验反馈，就像建立了一个体验点评系统，在消费极度满意、非常不满和希望反馈的时候建立了一个有效的反馈渠道。CEM 的实时性、场景化与主动获取的柔性交互，不但可获取有效数据，更以此积累和留存消费场景数据，为更积极的改善和消费洞察奠定基础。

3 解决方案的正确路径

技术实施的解决方案需要在正确的实施路径下进行，如果购物中心需要引入 CEM 系统，其正确的路径是怎样的呢？

经过长期实践，我们发现了正确路径的两大关键。

（1）将客户与运营效率联系起来

与被动的传统客户服务不同，CEM 是一种主动出击的客户策略。CEM 涵盖了客户与品牌建立联系而进行的每次主动交互，这意味着其中包括了客户用来满足场内特定条件的每个接触点。这些接触点上反馈的信息对于一个购物中心来说，缩短了和客户的距离，而距离越短，效率就越高，CEM 就越成功，整个组织都会基于客户体验不断完成自我优化。

因此，在建立 CEM 系统前，需要明确解决问题的场景和目标。如会员增长、促进复购、强化区域渗透、提高客单价的可行性等，只有聚焦到解决场景上，早期设立和拆分客户旅程、搭建和设计交互问题时才能做到有的放矢，获取后续优化动作的指导可能。

（2）CEM 的本质是管理而不是工具

明确 CEM 的本质是管理而不是工具，聚焦场景建立垂直功能。将 CEM 直接作用于客户黏性增强，复购率提升，实现智慧化会员运营。从原有年度的客户满意度调查的被动索要反馈，到客户主动反馈体验，做到事实与客户达成场景化的体验连接，如图 2-4 所示。

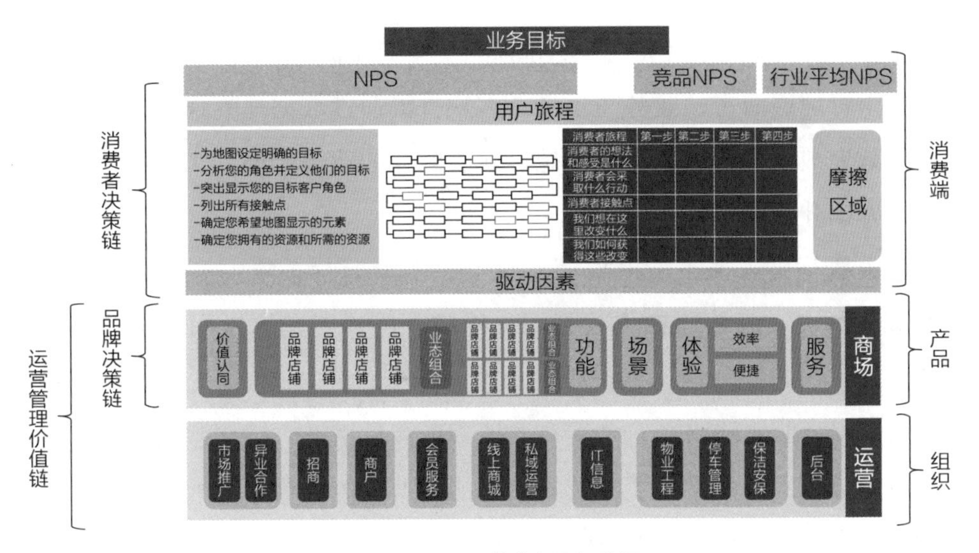

图 2-4　CEM 的业务目标分解

当明确 CEM 的路径后，还应该进一步明晰 CEM 的阶段性目标。

第一步：代替传统问卷调查，构建实时场景化沟通渠道。

数字化的 CEM 系统能够实时场景化地反馈意愿，给客户一个表达满意和不满的专有渠道，而不是仅在服务台和商管投诉。在反馈的过程中持续丰富会员数据，打破原来只有会员手机号等资料留存的困境。在持续不断的收集反馈的过程中，丰富目标客户的敏感因素、挖掘高效率渠道，精进判断力，提高问题解决效率。

第二步：获得改善经验留存，获得客户数据资产。

不同于传统问卷调查，基于数字技术打造的 CEM 系统结合产品与业务实践，能够形成获得有效反馈的消费标签和效率渠道，支持发现运营细节问题并追踪和改善，以支持会员增长与提出消费洞见，并将指导意见数据化留存，在不断累积中形成数据资产。

第三步：系统性 CEM。

在不断完善客户体验的过程中，积累运营知识图谱，形成高效执行最佳方案，获得项目运营价值。

对决策层而言，系统性 CEM 管控更清晰，数据与业务、管理关联并实现可视化，决策支持因素变化可见，能获得更有商业价值的洞见和价值。

对于管理层而言，业务与市场、客户直接通过数据建立连接，分析人员能够高效完成发现问题、提出问题、解决问题的业务闭环，实现数据驱动内外部效率提升。

对于执行层来说，被授权而非追责，主动运营，流失与不满被前置预判和预先解决，高效协作下找到明显的成就感，能在解决问题中获得运营成长。

制定科学的实施路径，才能有效地实现会员增长、精准营销、运营优化指导的价值，同时也避免了唯技术论，能够真正地从业务需求出发，解决业务的实际需求，以到达最终的创造价值的目标。

4　咨询 + 产品，客户体验管理的价值交付组合

产品是行业的最佳实践凝结，在完成从 0 到 1 的价值创造阶段，只有产品供给是无法解决实际业务需求的。新产品、新理念诞生的早期，做产品的往往不懂业务，懂业务的不会做产品，无法驱动企业内部部门协作配合，实现价值目标落地。只有基于业务与技术、市场与管理的复合型顾问专才，结合产品与实际场景，以客户角度的专业语言高效沟通，进行项目管理工作，才能使企业策略、业务流程、信息技术和人员组织紧密结合，最终帮助客户实现价值目标。

（1）CEM 搭建三步走

在具体的应用环节，我们将 CEM 搭建工作分为三步。

第一步，基于行业知识图谱与客户触点，搭建客户旅程图。

要初步建立客户旅程，并基于行业知识图谱，筛选出购物中心的关键客户旅程；然后结合过往数据和 CRM 数据，梳理出客户体验指标体系；最后通过内部工作坊的方式设计各个旅程及触点。

下面是我们搭建客户旅程图的工作坊示例。

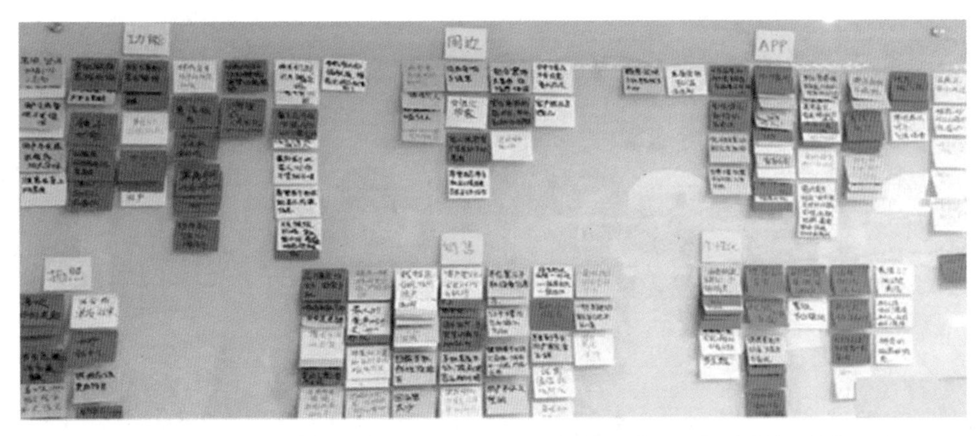

工作坊第一步，根据之前的分析结果，把具体业态及指标用便利贴整理出来

工作坊第二步，梳理具体流程

工作坊第三步，将每个具体旅程对应的满意度结果置于中心

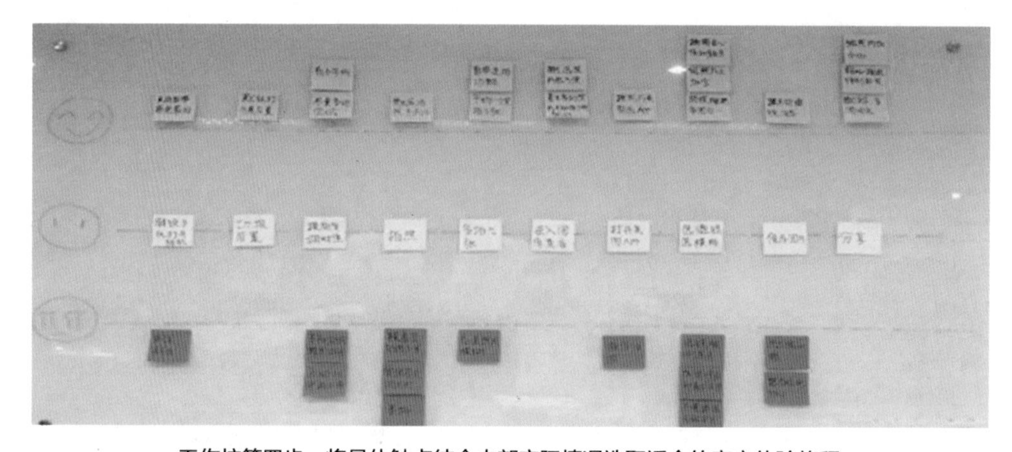

工作坊第四步，将具体触点结合内部实际情况选取适合的客户体验旅程

由此针对所有的体验数据，包含每个客户在整个旅程中的反馈，建立根据时间排列的客户偏好横向视图，获得叠加体验数据的客户旅程。

第二步，制定调研机制。

通常我们将调研触发方式分为触发调研和主动调研两类。

- 触发调研：无须人为干预，内置客户体验场景触发机制，全自动发放问卷，实时精准触达样本。
- 主动调研：支持个性化定制调研问卷，满足偶发性客户调研需求。

双调研机制可以确保提升客户体验反馈的时效性、准确性、便利性。

第三步，搭建客户体验实时反馈平台。

在确立了客户旅程图和调研机制的前提下，我们开始搭建客户体验实时反馈平台替代当前传统的调查问卷，全面地实现问卷线上化、自动化及无感化，使客户体验可分析、可追溯，让客户调研工作的效率和数据质量得以提升。结合第一步中搭建完毕的客户旅程，针对每个旅程触点以及客户画像触发相应的调研问卷，设立日常问卷自动发放机制。

依托客户体验实时反馈平台，可以实现更好的无骚扰调研、更好的反馈回收率和体验反馈准确性。

（2）CEM 的两大特点

从此例中，我们能看到客户体验实时反馈平台的两个特点。

第一，问题简短，仅涉及刚刚发生的消费场景。

简短而切实的问题，可以极大地提高反馈回收率和体验反馈准确性，同时避免对客户造成困扰，打造无缝衔接的无感式调研体验。

第二，精确定位客户痛点，确保受访者反馈的及时性与准确性。

客户体验实时反馈平台的搭建应列出所有的指标、渠道、业态和触点，然后进行指标权重矫正、统计评估和算法优化，得出客户体验综合指标和画像，进而对员工做精准的工作指导，之后加以 KPI 考核。如果客户综合指标不理想，还可以设置预警响应。根据关键指标（复购率、流失率、转化率和客户生命周期），构建包含着不同驱动因子的不同场景的客户旅程地图，进而给出客户有效的体验管理解决方案，包括行动方案、数据融合方案、分析改进方案。

（3）CEM 带来更多优势

- 全渠道覆盖：CEM 可以实现全渠道覆盖客户旅程的每个体验环节，从而可以支持包括微信、支付宝、会员小程序、短信、电子邮箱在内的多渠道触达，覆盖消费旅程中的所有触点，实时接收客户的体验反馈。
- 业务整合分析：多维度体验数据实时分析，支持业务数据接入，综合分析各个项目表现，实现调研数据一体化，提高内部沟通效率。
- 快速响应和改善追踪：系统分析客户痛点立即响应，实现客户体验优化行动可分析、可追踪，实时检测优化效果。
- 流失预警：在客户流失前发出预警，提前干预。
- 知识积累：完成知识图谱积累，形成高效执行最佳方案。

5 小结

所有的购物中心都追求更高的利润，但利润就好像爱情、健康和快乐一样，是个目标。要实现目标，就不能只停留在目标上；就像要快乐，不能天天只喊着“给我快乐吧”，而要不停地问自己“什么让我快乐”“怎样会让我有快乐的感觉”，这才是我们应该关注的焦点，把注意力集中在能带来产出的投入上。

对于购物中心而言，CEM 就是通向利润增长的一条道路。对于商业地产运营企业而言，CEM 为管理层提供了实时了解全面的客户体验数据、高效制定针对性 KPI、制定总体营业指标等关键业务的方便辅助功能；为运营部门提供了全方位倾听客户之声，清晰可追溯的客户体验数据，提供改善运营的行动抓手和及时校准运营策略的工具；为市场部门对之前无法评估的市场活动提供最准确的评估方式、校准客户画像、锁定客户需求、时刻优化招商定位；为客户服务部门提供了无须等到客户投诉才采取行动，快速响应诉求、降低客户流失率、降低人员成本的关键能力。

在商业地产的存量时代，购物中心的核心能力是线上线下数据挖掘能力及消费体验的提升能力。打造 CEM 系统，就是以客户为中心，以数据为驱动，形成运营力提升的关键。可以说，进入存量时代，因为数字技术进步，实体商业仍然具有一定的运营增长期，并且从未来可及的增长来看，建立与客户实时、动态交互的“神经元反馈系统”将成为商业资产激活的关键。

三　5 个新 KPI，激发购物中心运营活力与创新

导语　更换到消费者视角，而不是口头上的客户第一；通过外部视角以及看重外部数据，竞争与技术推动购物中心更趋于市场化的运作。仅凭经验在新零售的竞争时代无异于闭门造车，更早地面向未来考虑和引导组织构建未来的目标，是变革时期最关键的事。

坪效、租金上涨率、客流量是过往实体运营核心 KPI[⊖]中的关键指标，在购物中心运营创新的过程中，是否还要坚持要求这些 KPI 达标？要想创新就要付出代价，但在竞争日益加剧的环境下似乎又难以舍弃收益。在考核指标的背后，往往与决策层对未来发展的思考紧密关联。什么才是更利于创新和赢得未来的绩效评估体系和指标，成为值得思考和探讨的话题。

1　当下普遍采用的 KPI 指标有哪些

基于和 RET 睿意德持续合作的购物中心运营伙伴的沟通，我们梳理了目前针对运营团队考核的指标分类，这里不涵盖运营中涉及物业管理的相关指标，如表 2-1 所示。

⊖ KPI 是关键绩效指标的英文缩写，是业务中最重要的指标，也是管理中用以监控和引导业务步入正轨的信号，书中使用的 KPI 是评估体系与指标的代称。

表 2-1　目前针对运营团队考核指标分类

职能分类	考核指标	补充或说明
运营总指标	年度客流量	同比、环比增长率或达标
	坪效	—
	租金收缴率	增长或达标
	租金增长率	或达标
	收入增长	涵盖租金、停车、活动运营等总收入
	成本管控	同比和体系内排名
	利润增长率	或达标
	车流增值率	或达标
招商	亮点品牌引入率	首店、概念店、旗舰店、网红品牌
	战略品牌签约量	持续开店中可战略性跟随的品牌
	出租率 / 空置率	
	租金上涨率	区别于总运营指标，指同铺位替换
推广与活动	客流量同比 / 环比	分总体或节庆、活动期间客流指标
	推广活动费效比	分年度与单次活动费效比
	年度总人次	
	异业合作	
	公共空间收益增长	
会员运营	会员增量（运营初期）/ 会员复购（运营稳定期）	此指标也可能应用在推广与活动的考核中
	会员增长量	会员运营是近几年头部运营企业关注的指标，往往辅以技术平台的数据支持
	会员复购率	
	会员到访增长率	
其他	区域渗透率	新引入指标，尚未构成考评项
	客户体验提升	借助外部机构的调查研究

值得一提的是，购物中心的运营管理受限于内部管理的信息化与数字化水平，在管理平台、工具及数据收集、体系及内外部数据打通方面表现不同，管理指标也不尽相同。单就智能 POS 的安装情况以及对货品售卖具体数

据的获得就难度较大，购物中心若采用单纯扣点或与租金取高的品牌的合作方式，在收益结算方面获得精准数据的挑战就比较大。

2 KPI 合不合适，先看购物中心运营目标是啥

从资产角度看，购物中心就是一大笔商用资产，通过土地增值及运营获得稳定收益，从而获得资产溢价是最典型的价值提升形式，需要的周期较长且需要持续投入。

运营购物中心的团队，是资产运营的组织，本质上是围绕资产保值和增值面向消费者和市场竞争进行的企业运营。打个简单的比方，以一个单体 10 万平方米的购物中心举例，按每平方米建筑面积 4 万元进行价值估算，其本身就是一项 40 亿元的资产，运营团队便是运营这项资产的企业。对于购物中心运营团队而言，成就的核心就是资产价值提升。

德鲁克说："管理是一种实践，其本质不在于知而在于行；其验证不在于逻辑，而在于成果；其唯一权威就是成就。"常用的购物中心价值评估办法中，现金流量推估法、收入推估法都围绕收益和增值预期进行评估。但值得商榷的是，对于运营团队的绩效评估标准往往直接面向结果，对于"怎样达到这个结果"却欠缺考虑。实际工作中，这样的 KPI 设定常常让执行团队与决策层陷入短期收益与长期增益间的矛盾。在日益增大的竞争压力下，这个矛盾更容易凸显和激化。

谁都知道"想不饿就要吃饭"，但想吃饭，光喊饿是没用的，还是要创造出价值才行。也就是说我们需要思考的不是"吃饭"本身，而是怎样才能"吃饱吃好"。

达到目标的最优路径的思考起点在哪里呢？首先需要明确购物中心的运营模式。购物中心是基于一定的地理位置，整合品牌和商品，通过持续运营吸引、匹配和促进成交的流量运营平台，其本质上需要运营者促进和实现商品、服务与流量的有效匹配和交易转换。这是一个向流量和交易增值要价值的模式。相较住宅的 B2C 模式、公寓的 B2B 或 B2C 模式、写字楼的 B2B 或

B2C 模式，购物中心的运营模式则是 B2S2B2C 或 B2B2C，其模式的复杂性也使得购物中心这项资产的增值更具有不确定性。

3 建立针对“利于转化的消费体验提升率”的绩效体系

了解了购物中心运营本质，在运营目标中，需要关注更“利于转化的消费体验提升率”，这一点就变得十分清晰。

消费体验提升率，这个概念对于大多数购物中心运营者来讲还不熟悉，但在面向未来的数字化运营中是非常关键的指标。消费体验看似是消费者内在而难以感知的反馈指标，但伴随着消费者日益数字化的过程，通过数字化平台、产品与工具，体验的反馈是不难实现的。

让我们一起一秒钟切换消费者的角色来思考下，作为消费者，如果满意度高，他们是否会：

- 愿意点赞或评论
- 形成口碑推荐
- 更愿意到访
- 产生复购
- 加入会员

……

如果消费者获得了好的服务和游逛、购买体验，答案是肯定的。

4 5 个值得关注的新 KPI 标准

接下来，我们一起看看几个值得关注的新 KPI 标准以及如何实现。

（1）KPI1——活力品牌的保有量

不少购物中心已经关注到，消费者选择到访购物中心的决策理由，一方面来自于场内的“内容组合”，也就是业态多元；另一方面则直奔目标品牌，例如时尚人群更愿意到时尚潮牌聚集和买手网红品牌聚集的购物中心。

本质上说，消费者到达某个消费场所是一个休闲时间的分配选择，自然也需要符合消费者的心理收益预期——到达与停留时间需要成正比。如果只是买一袋盐，绝大多数的人一定会更愿意选择家门口的便利店。因此，在竞争激烈的当下，购物中心运营都在寻找差异化的品牌组合以及首店、网红店、概念店、旗舰店的入驻。

需要提示的是，过于强调“新”也许未必是捷径，“活力品牌”是区域认可和认知度高的品牌，并非一再求“新”。

要让购物中心更能吸引客流，或者更能有效地提高转化率，都需要我们主动寻找差异化的创新品牌，而不是在店里等待“坐招商”。过去，人流量大的购物中心往往有大批品牌排队等候进入，招商人员的工作变得十分简单，只做租期到期时的品牌筛选和商务标价就可以，我们称为“坐招商”。在如今购物中心面临激烈竞争的环境下，仅仅坐等租户上门显然已经不够，这不仅是招商人员积极主动性的问题，更是制定关键 KPI 的管理者对竞争的态度，也是朝向购物中心运营目标的有效手段。

（2）KPI2——与关键会员建立关系的多元渠道与运营创新

与消费者建立联系，更多的是品牌商的营业员和百货的营业员的必要工作，购物中心运营者往往认为这样做对于交易转换没有直接效果，因而对此项工作不够重视。购物中心大都建立了会员系统，但会员服务基本是机械化的积分管理和运营，也可以说，他们看到的只是单纯的“消费者”，而非真正的“人”。从各购物中心线上商城也可以看出这一点，那些都是以货品为核心的运营页面，而不是以“人”为核心的互动空间。

相比较淘宝、拼多多和小红书这些拉动消费的平台产品，单个购物中心的 SKU 都是有限的，如果不与关键会员建立关系，获得运营体验反馈，仅帮助品牌卖货，线上商城的效率和活跃度显然是难以发挥更大作用的。

（3）KPI3——真正帮助消费者解决问题，而不是形式化的服务

服务台的工作人员在玩儿手机或急躁地呼喝排队的会员，这种场景我们

作为消费者都“体验”过吧。真心解决问题的服务才能与消费者发生情感的连接。要唤醒真心的服务就需要建立激励性的机制。

香港 K11 商场门口，门童为等候父母的小女孩跳起踢踏舞

“香港 K11 商场门口，有个小姑娘在等父母，她会因为独自一人而感到害怕，或是被其他事物吸引而走开、迷路……门童为小姑娘跳起踢踏舞，两人间没有语言，却一直相视而笑。所谓服务，就是用真心，这一刻不需要互联网。”

这是 2017 年我在香港 K11 拍摄的一张相片，朋友圈发出后，不到 5 分钟便收获了 100 多个赞和数十条评论，华润、中粮、万科、凯德的朋友和许多其他领域朋友都在讨论、转发，这也让我对这个曾经触动我的服务小细节进行了再思考。画面和事件固然暖心，引发热议的原因也是实体运营服务和消费者真实的连接，是真正的服务。

（4）KPI4——消费者在场和离场的运营互动频次与效果

购物中心不是单一业态的业务，更多二次推荐的互动并不仅在消费者在场时产生。目前令人遗憾的是不少购物中心还没有建立在线与消费互动的体系，线上商城依然乏力。但值得关注的是消费者日益多渠道在线和互动社交化已经成为趋势，新一代的消费者更愿意在渠道间留言、评价和喜欢建立在人与人关系上的人性化互动。如何尽可能地追踪和多场景、渠道连接消费者，需要购物中心运营者提高认识。

（5）KPI5——数据资产的积累和数据驱动的运营决策实践

主张什么就引导什么，引导什么就管理什么，管理什么就是需要关注的关键指标。过往指向直接盈利的 KPI 众多，但激励创新的组织就需要更关注指向未来的指标。目前在购物中心的运营考核指标中鲜有关注数据资产积累的，不少购物中心搭建了业务中台，以及各种运营产品，然而没有从业务提效角度搭建的产品和没有应用的产品就像烂尾楼一样，有投入却没有产出，更对管理层进一步推动数字化造成了心理和实际阻碍。

从数字化运营提效的全体共识到执行，很多组织往往在探讨、沟通达成共识上出现了脱节，高层决策，中层和执行团队实施，其中因为理念和目标的“伪共识”造成了投入的损失。执行团队对自己工作岗位的担忧以及现时考核与创新目标脱节都需要更多的沟通与过程。

5 小结

更换到消费者视角，而不是口头上的客户第一；通过外部视角以及看重外部数据，竞争与技术推动购物中心更趋于市场化的运作。仅凭经验在新零售的竞争时代无异于闭门造车，更早地面向未来考虑和引导组织构建未来的目标，是变革时期最关键的事。

四　抓不住快变的消费趋势？给购物中心的 5 条实用建议

导语　洞察消费是购物中心的商业基本功，正如千里之行终须始于足下，再快的速度如果失去了出发点与目的地，都将失去意义。消费本身是快变的，洞察消费并掌握消费的过程是动态而系统化的过程，需要专业的团队在基于全盘进行系统性思考后保持长期关注与坚守。

消费者对丰富和多元已经习以为常，他们相信价格不一定和品质正相关，他们每天在移动端花费的平均时长已经超过 5 个小时，他们在花费时间上大下功夫，又似乎极致追求便利，影响他们做出选择的关键因素很多时候都只是看当天的情绪如何……面对越来越难把握的消费趋势，购物中心运营人应该何去何从，在此提出 5 条建议与朋友们一起探讨。

1　消费“快变”之后的底层逻辑

新消费的多变与难以揣测让我们坚信在消费者话语权越来越重要的时代，这种快变已经不可逆转。于是，越大的零售集团受到的冲击越严重，头部企业不断地印证着“船大难掉头”，而中坚力量则不断加大在柔性供应链和多元销售终端的抢占。复杂而快速的变化让商业人感到毫无规律可循。

去除表象，有几条重要的底层逻辑帮我们辨识快变下的规则：

（1）消费需求其实没有变化，不断变化的是需求的排序

在原始社会，人的根本需求同样也是根本束缚，围绕着生存展开，人投

身到社会中从事劳动生产的终极目标在于追求生存的自由。伴随着生产力提高，社会不断进步，从奴隶社会、封建社会一直到社会主义社会，物质供给丰富程度大大提高，人的根本需求也从生存、人身、阶级进化到了经济，而在其中始终不变的是人对自由的追求。当代人的根本需求与根本束缚早已不再是追求生存或是人身的自由，而是围绕着经济展开的追求经济自由。

因此，无论时代怎么变，消费趋势如何难以捉摸，消费的基本出发点是不会变的。

（2）购物中心关注商品与服务的匹配交易，赢得流量和去化货品是系统化连贯动作

购物中心与消费者的价值连接在于，通过业态与品牌组合形成对消费者有价值的功能，形成解决方案，并通过为此搭建相应的场景、体验管理与服务，来提升方案的价值。而此方案的价值，不会因为单一的某个品牌或是某个门店没有做好而全盘崩溃，购物中心的优化调整仍需基于完整的消费解决方案进行全盘考虑。因为购物中心从来都不是针对某一个品牌的消费者，而是针对某一类消费者而成立。

（3）去除“中间人”，与消费者直接连接

购物中心探知消费的主要手段，当前仍旧以委托传统的调研公司为主，传统的调研方式存在严重的反馈意愿不足，反馈易出现盲区等诸多问题。现在头部购物中心开始反思，与其隔层纱去了解消费者，为什么不建立直接面向消费者的沟通渠道呢？因此 CEM 的地位就凸显出来，成就了购物中心与消费者的无障碍对话，有了革命性的效率革新。

2　5 个建议帮助看清消费表象后的“人”

（1）商业不再是纯粹的效率获得场所

尽管一线城市以快节奏的生活著称，但在近年来的商业中，还是涌现了

诸如瑜伽馆、精酿啤酒、DIY、livehouse等时间消耗较大的业态。新消费逐渐呈现出要么浪费时间，要么追求极致效率的趋势。究竟是什么令快节奏的消费者慢了下来？

人性不是单一特性就可以充分表达完整的，快与慢，动与静，甚至效率与浪费都是人性的辩证统一。越是快节奏的都市生活，就越是需要休闲放松调剂。

从人的内生需求角度考虑，花费时间的消费，其带来的核心价值均建立在过程之上，而非结果；这与传统零售思路有本质不同。

实体书店的“慢节奏”对于都市人而言成为难得的调剂

传统零售更侧重对于结果的满足，购买之后即刻获得。因此，如何打造更高效率的供给适配成为核心关键。但当下的体验经济核心在于过程的打造，营造出与众不同的独特体验是头部与尾部的关键分水岭。因此我们发现在一线城市的许多项目内，既有瑜伽馆也有便利店，既能满足高压生活的效率需求也能满足高压生活之外的体验性需求，快节奏与慢节奏的业态常常同时出现，而大相径庭的两类业态几乎从不产生快慢矛盾。

Lululemon正是此类业态的代表，在美国和英国，纯活动性活跃零售商指定用于瑜伽的产品在2020年与2019年相比增长了36%。

在当下的生活里，消费者既需要即买即得的效率，也需要随时可以花去大量时间享受生活。

（2）“快时尚”不时尚

如何选择包装并表达自己，是每个人的自由意志的体现，而大多数人在这件事上实则是时尚的奴隶。时尚本是一时之间的风尚，时间是唯一与之呈正相关的指标，稍有懈怠即面临落伍，即便是最擅长观察和捕捉消费者需求的快时尚也不例外。

2020 年，GAP 集团旗下品牌 Old Navy 宣布正式退出中国市场。ZARA、H&M 等国际快时尚巨头纷纷大规模关店，隐藏在关店数字之下的底层原因，是这些快时尚品牌未能及时捕捉新的市场趋势，不再能帮助消费者表达时尚。

与之相对的，秉持着“要么直接，要么复古”精神内核的国潮品牌实现了弯道超车，购物中心中优秀国货品牌的占比正在不断攀升，充分证明了能够帮助消费者表达自我主张的品牌可以赢得更多机会，并在运动时尚、内衣、美妆、茶饮等诸多领域都得到了充分验证。

在市场话语权朝向消费者的转移过程中，商品好还是不好的标准由统一的逐渐变成了个性的。消费者从接受好，转向了定义好，从学习价值，转向了发展价值。在物质过剩的时代，价值已经不用以商品为其依附，价值观成为产品的核心。

（3）“大不如多”

在 20 世纪最受欢迎的商业中，“大”往往是成功品牌最重要的共同特征。在那个时代的商业潜规则里，以开发规模为导向的购物中心对“大品牌”青睐有加：更大的项目意味着更大的店，更大的店意味着更多的 SKU，更好的可逛性。

但如今，行业最前沿正在发生的事却与以往的经验完全不同。

SEPHORA 正在经历有史以来最大规模的扩张，在 2021 年在美国开设了 260 多家新店，虽然其中 60 个是独立空间，但大部分将与 Kohl’s 携手以店中店的形式存在。不光是 SEPHORA 和 Kohl’s，Ulta Beauty、Decathlon、Apple、Burlington Stores、Target、IKEA 等诸多品牌与商场都在尝试店中店或者更小面积的店型拓展。而更小面积的空间，意味着更短的与消费端的距离，更多的点位选择，更高的渠道密度以及更低的运营成本。

SEPHORA 正在经历有史以来最大规模的扩张

缩小的空间面积对品牌和商场而言，成了共赢的选择，品牌方借此可以以更低的成本拓展更多的渠道，而店中店对商场则意味着额外收入的产生以及增加大店的客流量来分散风险。

（4）构成运营力的核心要素发生了变化

购物中心营销预算的中心应该放在哪，是 IP 和场景营销吗？显然这个答案略显过时，在消费者每天在手机上花费的时间已经超过 5 个小时的当下，新的答案自然浮现出现。

小红书、抖音已成为越来越多的商品与消费者达成触点的重要渠道，并且黏性日渐增长，而购物中心不该在此缺席。流量在哪、运营在哪始终是不变的运营原则，当互联网公司在抢占用户时间上磨刀霍霍，购物中心的声音在哪里？

一场突如其来的疫情在 2020 年给商业带来了极大的不利影响，几乎所有商业受此影响，业绩都出现了极大的下滑，只有百货与奥莱逆势上扬，甚至再创新高。造成此现象的关键原因，睿意德的研究人员曾在《分析 10 座 2020 年坪效最高的商场，两个驱动疫情期增长要素的启发》中有过相关分析，会员运营构成了业绩增长的核心能力之一。

构成新旧分水岭的，是运营工作的核心构成发生了变化，传统的纯粹场景运营转向为由流量运营、会员运营和场景运营共同构成。流量入口，用户留存，转化变现构成了购物中心运营模式的闭环。不能在尽可能长的时间内以更高频次的触达、陪伴消费者，将使购物中心与新消费失之交臂。

（5）国潮不是伪命题，但也不要太认真

在物资匮乏的时代，商品是价值附着的唯一途径，交换就是商业的主要意义。而到了物质逐渐满足的时代，场所、平台、服务为商品带来附加值，价值的通路被拓宽。在物质过剩的时代，价值已经不用以商品为其依附，价值观成为产品的核心。

毋庸置疑，国潮并不是伪命题，新消费更倾慕于有价值观与个性化的品牌，但国潮的兴起，并非完全由一个“潮”字可以概括，单纯地只强调“国潮”本身，恐怕不会给增长带来多大助益。

李宁、完美日记……诸多国产品牌的成功原因不尽相同，尽管营销语境都显性地在“国潮”概念的外化上，但若只相信这些表象，则并未触及底层本质。

在文化自信提升的大背景下，新消费的民族自豪感助推了对中国元素营销方面的发展，但更底层的原因仍旧来自于供需关系的变化。产品性能、性价比、品牌友好度与国潮情愫一同构成了国潮的兴起。

在社会生活方面，拥有灵活工作时间与办公地点的新职业者，也助推了休闲和运动界限的模糊，特别是疫情的背景下，WFH（Work From Home）文化助推了休闲运动的发展，同样助推了国潮商品受到新的追捧。

对招商工作而言，不同的价值主张衍生出不同的产品，如果蜂拥而至去引入国潮，一方面导致国潮品牌水涨船高，给商场造成各种压力，另一方面忽视供需关系的底层逻辑导致本末倒置。

值得关注的是，类似的现象也曾在美国发生，运动休闲受到热捧，同样会带来运动休闲的零售库存。在美国，2021年运动品牌的休闲服产品库存与2020年比增加了14%。这也会在国内出现，所以去库存将会成为下一阶段的新问题。

3 小结

洞察消费是购物中心的商业基本功，正如千里之行终须始于足下，再快的速度如果失去了出发点与目的地都将失去意义。洞察消费并掌握消费的过程是动态而系统化的过程。消费本身是快变的，但与消费的变化同步对产品进行调整在当前是不可能的，再有效率的团队也必然存在延后反应，这需要专业的团队在基于全盘进行系统性思考后保持长期关注与坚守。经我对实际情况的了解，有太多的购物中心运营人因为KPI反而无法对消费趋势进行系统性的长期关注与坚守了。

所有的企业在变化莫测的市场中，都要去寻求收益与创新的平衡，这是经济高度发达、供给普遍过剩的时代里的必然现象，也是经济体发展的客观规律。但究竟是优先当下的收益，还是放眼于立足长远的未来？这个问题也许仁者见仁智者见智，但不会有人能够比一线运营人更加熟悉自己管理的领地与他们的消费者了。

传统的标准化工业时代的产品线逻辑已经无法让好的购物中心变得更好，在存量的时代里，唯一能够让它变得更好的只有来自消费者的答案。

五　新零售时代，如何重新评估男女顾客的消费决策差异

导语　了解性别差异如何影响购买决策，并认识到针对性别的倾向，而不是依赖刻板的性别印象，对于任何以售卖服务和商品给人们的企业都非常重要，让我们看看如何更有效地做到这一点。

在可能影响客户决策行为的诸多方面中，性别因素是主要因素之一。男人和女人在购物时有不同的动机、观点、理由。关于这个问题已经有超过十年的研究和成果，其中不少研究表明男女在购物行为上的可观察性差异。最明显之一是男人和女人对购物的看法不同，并且将以不同的方式处理在线购物的行为。

了解性别差异如何影响购买决策，并认识到针对性别的倾向，而不是依赖刻板的性别印象，对于任何以售卖服务和商品给人们的企业都非常重要，让我们看看如何更有效地做到这一点。

1　一切都在大脑中：男人在执行任务，女人在旅途中

男性和女性的大脑存在许多生理差异。据《科学美国人》报道，女性的胼胝体（corpus callosum）较厚，它位于大脑半球纵裂的底部，是连接大脑左右两侧的神经组织的桥梁。胼胝体使女性可以利用大脑的两侧更快地解决问题，而男性则主要利用大脑的左侧。通常，左半球负责执行逻辑计算和处理

事实，右半球处理主导视觉形象和解释方面。女性还使用组织更严密的大脑皮层执行任务，而男性则在大脑左侧使用较大比例的灰质。

在购物的背景下，这种不同的大脑结构导致男性倾向于成为以任务为导向的购物者，而女性则更有可能是以发现为导向的购物者。曲线动线、若隐若现的店招、灯光和香味儿都会增强对于缺乏目的的逛一逛和期待发现一些什么的趣味性，如果游逛的旅途产生了购买的结果是非常令人满意和感觉幸福的结果，随时调整一开始的购买目标在她们身上是很容易发生的大概率事件，但不易发现目标品牌和商品的过程则会让男性非常恼火。这么看来，导视的清晰和位置明显应该是为男性而准备的。

2　更实用还是享乐主义

消费者具有触发其购物行为的一系列潜在动机，但本质上有两种购物动机：功利主义和享乐主义。

功利主义：对预期结果的自觉追求。从本质上讲，这意味着购物是为了“完成某件事”。

享乐主义：与内在和情感反应有关。换句话说，购物是因为喜欢购物。

男人倾向于遵循更理性、更符合逻辑的功利主义决策动机。品牌和购物中心需要告诉消费者为什么他们应该购买您的产品，为什么对他们来说购买产品存在意义。重点是专注于产品，并使用能证明价值的积极声明。店内和购物中心内的广告和宣传海报就需要利用这个机制。

女性大多是享乐主义者。为了吸引女性，就必须创造与女性产生共鸣的情感体验，内部视觉、听觉、嗅觉与共情的购物体验结合。生活方式的引导与结合价值观的品牌内涵塑造越来越重要，也说明了这一点。纯粹的叫卖和功能说明书式的销售方法已经过时，女性消费者想更多元地了解购物中心和品牌，需要想想如何传达给她们你是谁，你要销售的生活方式、你的产品如何使她们感受到自己。

可以在线上页面考虑这些不同的购物动机，并在登录页面上为男性和女性提供不同的布局、色彩和内容：男性版本着重于提供产品类别的清晰导航和清单式的呈现，而女性版本要销售情感。

3 女人喜欢打猎，男人想要快速而轻松的过程

在人们对关于网络购物取向的研究中发现，女人比男人访问了更多的网站，并比较了不同选择的可能性。

研究还发现，虽然女性受访者更有可能找到在线销售和折扣，但男性受访者的购物过程更加高效、快捷。

女人喜欢浏览活动和产品详情、购买评论。为她们提供易于使用的界面，来支持这些购买引导，包括社交购物功能、高质量的视觉效果和更丰富的客户评论。http://Fab.com 是一个很好的例子，它通过使用干净、直观的产品页面来为女性创造积极的购物体验，该页面支持有趣而又快速的浏览方式，选择喜欢的产品，具有图像缩放翻转功能，可以近距离查看商品，并在他们的社交网络中轻松共享发现的产品。

4 女性为“乐意”付费，男性重视事实和数据

消费者一旦意识到需要某种产品或服务，就需要收集和处理信息以评估替代方案。研究表明，男人和女人的信息处理和决策策略差异很大。

女性往往更全面，并同时考虑主观信息和客观信息，其他购买者的评论便是主观信息之一。男性则偏向于客观信息，如品牌、型号等，他们不容易受主观信息影响。

当然，这并不意味着男性不看重他人的观点和经验，而是男性与女性的方法有所不同：男性将他人的经验与他们感兴趣的产品结合在一起形成自己的观点，女性会希望在决策之前考虑其他人的原因和动机，以了解他们为什么购买了某商品以及对自己的情况是否具有可参考性。为了兼顾这两种性别的决策差异，商品介绍不仅应包括产品等级，还应支持更深入的、类似报告的产品评论或推荐。

5　男人忠于品牌，女人忠于优质的服务

一旦男人找到了一个对他们有用的品牌，他们就更有可能坚持下去，这在服装、汽车、金融服务和家用电子产品中尤其如此；而女性如果从某个品牌中获得良好的服务，则会表现出更高的忠诚度。

研究结果表明，在向女性做广告时，重要的是要利用营销内容、渠道以及技巧与女性顾客建立个人关系；而对男性进行营销时，则应突出产品的优点和它能带来的好处。女孩看面孔，男孩看对象。一项研究发现，当观察男孩和女孩，甚至在婴儿期时，这些差异是可以观察到的：大多数女婴都将大部分注意力放在诸如人脸和声音等交互刺激上，大多数男婴却最关注非交互的空间刺激，例如婴儿床上方悬挂的移动装置的运动。

6　男人更有可能在移动设备上购买

从历史上看，男性一直是在线购物的最早使用者，而女性却很快追上了他们。2013 年进行的一项研究表明：有 57%的女性在网上购物，男性仅有 52%。

研究表明，如今男性更倾向于使用移动设备购物：22.2%的男性表示他们使用智能手机购物，而只有 18.2%的女性这样做。平板电脑的使用情况与此相似，有 20.4%的男性受访者表示他们曾经使用 iPad 等设备购物，而女性受访者则为 16.9%。

为了增加移动在线商城的收入，需要相应地调整移动端策略，考虑到男性和女性在移动购物方面的行为和偏好是不同的：男人偏爱可以节省时间和成本的移动购物网站和应用程序，而女人偏爱允许浏览产品和目录并在网络中共享信息的应用程序。

7　良好的客户服务？女人想变得重要，男人想快速摆脱困境

提供优质的服务并保持高水平的客户满意度是当代营销中最重要的指标之一，因为满意的客户往往会更忠诚，也会产生更多消费。对于男性来说，

优质的服务意味着帮助他们找到合适的物品，并帮助他们快速结账。

对于女性而言，客户满意度与商店愿意分享专家建议，如展示对产品的熟悉程度，以及商店帮助她们确定哪种产品最合适的能力紧密相关。

根据研究表明，有29%的女性认为“在需要时缺乏帮助”是购物时的头等大事，这也是商店失去女性业务的最可能原因。

引导式销售可以帮助品牌满足男性和女性购物者的服务期望，因为它把购物者的需求放在首位，提供帮助和指导以及更快地找到合适产品的方式。购买决策的影响越来越趋向前端，有经验的销售人员显得稀缺，这其中并不意味着跟随式购物，而是情商和营销技巧兼顾。

店内的销售人员可以按不同性格和擅长领域安排多个类别的互动产品顾问，提供令消费者满意的客户服务和体验。

8 小结

在个性化至关重要的世界中，品牌和购物中心需要了解不同性别消费的决策差异，但人是独特的，尽管可能存在特定性别的倾向，但消费者都希望被视为独特的个体。抛弃刻板印象，要了解个体购物者的动机和期望，给他们所需要的体验。

在过去的商业决策中，理性的技术思维占主导地位，大家每天探讨的是快速周转、统计、数据和代码。当时人们坚信，工作不需要太“女性化”，也就不需要了解女性要购买什么，她们想要什么，所以零售元素往往被企业的管理层拒之门外。如今，女性决策占主导地位，在零售业务中，大量女性扮演购买者角色和后台工作人员角色。决策层方面呢？你会发现大多数是男性。现在，以往的观念是否需要转变了呢？“身份感知”时代，商业运营中是否需要更多女性视角呢？[⊖]

⊖ 参考资料：部分内容参考及转译自数字化营销平台Zoovu。

六　制造消费者：消费主义全球史为我们带来什么启示

导语　《制造消费者》是法国消费学者的一本著作，作者安东尼·加卢佐是法国让·莫奈大学讲师，在 Coactis 实验室主持“消费文化和市场新策略”项目的研究。书中对消费主义的全球史进行了梳理，我们今天看一下到底是什么创造了更多的消费，也许会有所启发。

“疫情对消费意愿的影响已经成为品牌与商场经营者的一个困扰。”

奖励型消费是发展中国家一个鲜明的特征，与常态消费不同，消费意愿会受到对未来收益衡量的影响，一旦受挫，就会产生更多的储蓄和更少的消费。

如何激活人们的消费欲望，让流量回归？在不确定的外界环境下制造和创造更多确定的需求？《制造消费者》的书名，恐怕正迎合了商业人的共同愿望。

1　从物物交换到钱物交换，商品是什么

很多时候，我们判断事物的标准和角度就是我们无法解决问题的原因，当我们理解商品是价值交换，就会用货币来衡量，当我们说奢侈品是去功能化的阶级和消费审美标签，品牌的溢价就会显现。

所以，商品是什么？在安东尼看来，商品带来了幻觉。

商品带来了幻觉

物品不再是劳动的直接产物，人们不再了解这些物品的生产环境、制作过程，展示在人们面前的商品越发变得陌生而神奇了，这也是社会变得越来越拜物的过程。

消费者不了解商品的生产过程，也就无法衡量其成本、构造、所需劳动力以及生产背后的困难，人们只能以一种虚幻的方式去理解它们，在幻想中，商品仿佛不属于任何社会网络，而是独立地存在着。当商品被摆上商店货架供人们挑选时，它们显得超凡脱俗、纯粹得令人愉悦，它们进入了消费者的幻想，在人们欣赏的眼光下变成了奇妙之物。

工业化和商品化使商品远离了生产过程，并变得抽象起来。由于市场的形成和劳动分工的加强，产品越来越多元化，消费品的领域也越扩越宽。

这里牵扯出了市场营销中的一个基本问题，也就是信任问题。人们为何会将生产的控制权交给不认识的大公司？

品牌的价值映入眼帘。

2 从几便士到几百美元，品牌是产品重生的魔法棒

管理大师德鲁克曾这样描述品牌的本质：“一个品牌，就是它所能影响到的所有市场关系的总和。”

成本是企业内部可管控的变量，而品牌直指收益，是从市场端获得认可和溢价。商场与品牌的运营端向用户提供专业化服务，从而获取收益，自我品牌打造、产品品牌塑造都离不开正确地看待品牌与产品间的关系。

商品远离了生产过程，进入了人们的幻想。而加速与放大这个过程的重要媒介，是广告。

广告里呈现的商品并非商品本身的自然属性，更掺杂了一系列社会和文化价值。比如，广告中的汽车是阳刚、刺激、地位和新潮的载体。消费者要想成为那样的人，无须做出任何自我提升的努力，只需要通过抽象化的购买和占有就能让自己拥有这些特质。

在市场和消费的环境下，符号工程创造了富有联想力的意义，商家得以人为地为产品注入符号。有了符号资本和品牌资本，一家公司就可以把成本只有几便士的衣服卖到几百美元。

在 1880 年至 1920 年的 40 年间，品牌成为重要媒介，并完全重塑了市场体系，无数大型生产公司从中受益。许多世界巨头正是诞生在这一时期，品牌作为 19 世纪末市场环境下个性丧失的一种补救措施，很快就展现出了更大的潜力。

对于消费者而言，品牌不仅仅能给人安全感，还有其神秘的力量——品牌是一种符号系统。

人们发现品牌就是一种符号系统，能将商品与社会文化价值联系起来。而普通人也可以通过购买品牌商品，把自己纳入这套符号系统，使自己分享了此种社会文化属性或价值观。

我们能发现，大型公司通过一系列多元化品牌来覆盖所有细分市场，于是在符号领域无所不能。哪怕社会中同时并行多种文化，大公司也能通过其下属的不同品牌，同时为交战的每一方提供武装。品牌给人的联想力量也可以让产品远离负面影响。即使在产生了大量污染的情况下，大型公司仍然能通过对环保项目的支持和赞助，打造环保自然的品牌形象。

3 市场营销，让人“上头”的学科

标的物、手段和渠道，市场营销从出现到成为一门专门的学科，其对于价值链整体的重要性无论在红利期，还是在市场低迷期都十分重要。

“市场营销 marketing 一词的本义是将某物推向市场，这种行为是有一定表演性质的，因为它不仅要创造价值，而且要让人们感知到价值所在。”只有让消费者熟知，品牌才能创造价值。

为了创造品牌，让人们能自然而然地陷入商品和品牌的幻象，营销采用了种种手段：通过多种感官刺激激活人的潜意识，大量广告让人们对品牌产生固定的联想，精心设计的互动、活动在原本平常的市场关系中增添了表演性的成分。

4 符号让“和他一样”成为恐惧

从匮乏到丰盈，在物质需求向精神需求渐进的过程中，个性得以张扬，要“不同”和害怕“一样”成为品牌营销紧抓的消费心理。

“神圣的等级制度不再用于指导消费，市场机制影响着商品传播的方式。这是一套流动的体系，人的消费活动不再取决于他生来优越与否，只取决于他拥有什么。贵族感不再是天定的，而成为一种阶级标志，可以被购买、被获得。这种转变表示着现代资产阶级对权力的夺取。”

当下，所谓的成功就是“在别人的眼中显得成功”。在各种竞争中，地位的高低都取决于他人的看法，而他人的看法则取决于这个人的表象。所以资产阶级必须努力证明自己的财富，还要通过各种方式来向他人展示。因此，商品和消费就显得越发重要了。

消费构成了一种“通用代码”，一种“定位系统”，展示了人在社会中的位置。因此，鲍德里亚意识到在资本主义生产体系中消费对象的特征与拜物主义间的相似之处："在商品背后隐含着的是生产关系的不透明性和劳动分工的现实性。不透明性使得人们无法掌握符号物真实的价值，于是只好由象征意义来决定它的交换逻辑。"在这种符号价值经济中，优势阶级控制了符号化的过程。因此，看似是人们选择着商品、商品给人们带来愉悦，但实际上这一切都服从着一种集体的社会逻辑，人并不是真的因为内在需求而消费，他们是被符号牵着鼻子走。为了维持自己的地位、为了守住他所属的阶级，他必须遵守这门消费的法则。

资产阶级为了维持自己的地位，必须抵抗来自阶级以外的压力，因此他们通过炫耀和展示一些难以模仿、难以接近的独特符号，把风格语法掌握在自己手里，为底层阶级设置障碍。若是掉入"大众化"的风格，就等于掉到了和底层人一样的地位。另一方面，他们在面对和自己平级或比自己更优越的群体时，又努力试图与其相融。

虽然没有了旧有的等级制度，但消费并没有因此变得平等，反而加强了人们围绕着符号物的竞争。符号价值经济和符号之战都是基于人们对"和他人一样"的恐惧。在同质化的威胁下，个人必须培养自身的独特性，努力让自己表现得与众不同、高人一等。

在符号价值经济中，人们成了自我的创造者，可以通过市场重新塑造理想中的自我，抬高自己的身份地位，不放过任何一个让自己出人头地的机会。但同时，这种经济也大大放大了人们内心的挫折感。于是，他们更热衷于投入消费洪流中，凭借商品的符号价值尽可能让自己显得光鲜亮丽、与众不同。

人们对"本真"的向往成为消费文化的动力，这与现代工业是相辅相成的。只有当生产变得机械化、庞大化和拜物化时，"本真"才会被当作一种价值唤起。

5　商品的发展史就是消费的历史

自此，我们可以梳理当今消费的脉络。

一件物品被创造出来，大公司的品牌文化为它打上各种符号与标签，广告让商品成为个性、价值、属性、品质、身份、社会地位等的象征。找到商品的象征意义，就是在为商品增值。比如，在广告中，一位女子使用了某款肥皂，从而在聚会中成为宠儿。这让消费者认为他们买的不是肥皂，而是尊重和出类拔萃。于是，商品唤起了人们对自我身份认同的需求，商品可以赋予拥有者相应的身份地位，而这一切都是通过消费来完成的。

简明扼要地说，所有的广告和营销宣传想表达的意思就是："用钱换一件产品，再用这件产品换幸福。"

消费者追随商品营造出的自我和世界。无论是优雅传统还是个性叛逆，是阳光型男还是高冷大叔，都有商品能切合你想象中的那个自我。

随着市场的发展和新产品的激增，人们对商品的生产背景越来越无法知晓了。制造消费者和创造需求，起于消费洞察，实现于心理共情与开创一种幸福。

七　重新创造消费者

导语　经营是一场以“持续”和“增长”为规则的生存挑战，与其预测未来大势，不如将精力投入最本质和最基础的方面——重新创造消费者。

商业运营中什么是最基本的？是消费者到场和产生购买，也就是“创造了消费者”。

奖励型消费是发展中国家一个鲜明的特征，与常态消费不同，“奖励型消费”的意愿会因对未来收益的评估而受到很大影响。也就是说，一旦消费者预计未来收益将下降，消费意愿就随之减弱，从而产生更多的储蓄和更少的消费。

在当下，商业人最大的挑战是如何激发消费信心和刺激消费意愿。实践经验已经告诉我们，常态化的发放优惠券与IP展已感乏力，此时，如何“重新创造消费者”成为摆在实体商业人面前的重要命题。

1　为什么要“重新”创造消费者

为什么要“重新”创造消费者？

一句话回答：传统的“创造消费者”的方式失效了，所以需要“重新”创造。

过去我们靠什么制造消费者？

法国著名“消费文化和市场新策略”研究学者安东尼在《制造消费者》一书中有一段精彩的表述：“工业化发展时期，物物交换到钱物交换，物品不再是劳动的直接产物，人们不再了解这些物品的生产环境、制作过程，展示在人们面前的商品越发变得陌生而神奇了，这也是社会变得越来越拜物的过程。消费者不了解商品的生产过程，也就无法衡量其成本、构造、所需劳动力以及生产背后的困难，人们只能以一种虚幻的方式去理解它们，在幻想中，商品仿佛不属于任何社会网络，而是独立地存在着。当商品被摆上商店货架供人们挑选时，它们纯粹得令人愉悦，它们进入了消费者的幻想，在人们欣赏的眼光下变成了奇妙之物。”在安东尼看来，商品带来了幻觉。

在经济高速发展期，商品的价格围绕产品的价值波动，供需博弈、品牌神话、营销梦幻……商家和商场通过“品牌”和“营销”制造着消费者，消费者从为功能付费，逐步发展成为品牌付费、为偶像付费、为意愿付费。

在国内，尽管距离发达国家的消费支出还有不少差距，但互联网将人的预期和欲望几乎拉平，在零售和生活消费中，时尚衍生出快时尚，人的品位也从“贵”衍生出了个性化审美。曾经热议的O2O，拉起来的社群没有激活线上商城，成了另一种形式的打折团购。MCN热捧起来的网红，更像是繁华一时的爆红渠道，除了拉高了消费者对营销话术与手段的耐受力，并没有给品牌商户与实体商业带来价值，从本质上，在扰乱了原有商品渠道和制造出更多超前消费以外，并没有为经济本身带来增长。

有句经典的话：“消费者的需求可以听听，但不要跟从。”对于购买，在产品、价值和价格间存在着生产和营销带来的信息差，这也使得在传统时代，商业将“制造消费者”成为可能。无论是消费心理学、消费者行为学，还是消费剩余价值的研究，本质上都聚焦在利用商品制造与生产造成的信息差，以营销手段和渠道特性对这种信息差进行放大，从而创造出更多消费剩余价值，由此提升商品的利润率。可以说，在过去我们依靠新产品和品牌魔法棒便可以轻松地创造消费者，与普通连锁品牌相比，奢侈品更是获得了消费者“去功能化”的高意愿支出。

2 新消费更动脑、更走心

重新创造消费者？先要认清新时代的消费者究竟是什么样，他们的消费有怎样的特征。

购买不再是从无到有的填充游戏，也不再是有品牌到是名牌的追求。疫情前国内消费已经出现了拥趸“国潮”和对性价比的直接追求，疫情后，消费呈现“有脑更有心”的趋势：

消费个体更加回归内心

消费者会更加遵从自我价值取向和自我价值实现，叫卖式的营销、虚张声势的营销、单向企图给消费者贴上标签的营销都无法奏效，除非商业运营者具备了同理心，代替他们说出了心里话。

群体上价值主张进一步分散化

“大众”将会成为“相对”的一种描述，年龄属性不再是消费的必然区隔与界限。在所有商业认为他们的顾客是“18 岁到 35 岁”的时候，这只代表这些商业希望获得“有支付能力”客群的支付，而不代表真的了解了自己的顾客。

“稀缺”与“时尚”被重新定义

在相当长的一段时间，品质等于贵；在今天，这个说法虽然不能全盘否定，但基于一类人的生活方式的“窄”可能会变成因为“少”和“酷”而泛众化。“时尚”是小众人享有，在泛众化后消失的先锋，随着信息和传播的加速，“时尚”变成只争朝夕。

旁观不从众，矛盾体共生

消费者不是“一个人”，而是“一类人”和“一群人”；如果仅仅停留在给消费者购买的品类与货品“打标签”，不去追索购买背后的驱动和价值取向，恐怕会损失一些可能被影响的顾客群。

对安全、健康的追求超越年龄代际

从现在起，品牌商户和商场的运营者需要更关注自我品牌和定位在“安全、健康、可持续”这些内涵方面的充实，当色彩和味道不再是区别的时候，这些内涵代表着某种正向的价值取向，会逐渐加大对消费决策的影响。

不仅重颜值，内在也要挖出来看看

渠道的丰富和信息的流转带来了话语权的拉平，“专业化”购买者将成为新一代消费的意见领袖，比如深谙化学和成分分析的美妆博主或精通营养学的食品安全博士。对于品牌和商场运营者，不要忽视了这些“新权威”的助力。

注重产品本身的性能，然后才是“平替”

以前，造就品牌的逻辑是简单粗暴的：先发动狂轰滥炸的营销活动获得资本青睐，再开放加盟圈地盈利。但今天来看，这一套打法已经过时，餐厅的“口味”与供应链依然是硬功夫。当我们看到“临期超市”与优衣库看好国内发展的背后，不容忽视的是“平替”的本质——商品力的强劲。

3 重新创造消费者需要“第二层思维”

购买是一个可诱导性的决策过程，营销学正是基于此，通过系统研究与分析，为商业的繁华创造了持久而花样频出的直接与间接价值。在以往那些生意好做的时期，多姿多彩的营销技法堪称经典。然而到了更激烈的竞争中，“花架子”就有点力不从心。

我十分认同霍华德·马克斯在投资领域中的观点：“好光景只会带来坏经验，称为成功的坏经验。”很多固守传统的人都有着“非黑即白”的通病，认为与之前不一样就不对。但事实是：如果我们说的做的和别人一样，和以前一样，那就不会看到丝毫变化和创新的可能。

那么，如何重新创造消费者呢？首先，需要建立重新创造消费者需要的“第二层思维”。

什么是重新创造？消费者需要的“第二层思维”，第一是要正确的思考，第二是要在为什么和凭什么的引导下进一步思考，这一层才到了契合自己目标客群的独立思考。

商业的“第一层思维”是围绕物的思维，以产品为中心；“第二层思维”则是围绕顾客的思维，围绕人的思维，不是围绕利润的思维。

如果过往我们只在试图卖给消费者什么，现在就要重新思考以下问题：

- 我是谁?
- 谁是我的顾客?
- 他们为什么要到我这里来?
- 我所提供的和别人有什么不同?
- 我的顾客在什么时候或者在什么场景下会决定来我这里?

……

不要感觉这样的问题简单，我敢说团队里从一线员工到管理层，再与目标客户进行一次背对背的回答，答案会出来很多种，这个游戏在我们服务的项目中屡试不爽，这揭示一个事实：我们所认为的、团队所认为的和客户所认为的其实不是一样的。所以，当我们期望重新创造消费者时，至少知道和明确他们是谁。

4　看清消费者后，我们该做些什么

爱一个人不能仅停留在表白“我爱你”上，而是要做点什么来证明；重新创造消费者也如此，看清消费者之后，要给消费者他们真正需要的东西。

为消费者的时间创造价值

消费者越趋于高回报，越体现在对时间的吝啬上。要让目标用户“值得到访”。“关系”是社会的连接与协作基础，更是个体在群体中自我价值存在和定位的支撑。人愿意为关系付费，越是珍惜和紧密的关系，越值得投入金钱和精力。因此在构建产品、功能与场景时，商业人需要更深一步思考为消费者在时间与“关系”中创造了什么样的价值。

为自己找到极致

商场需要找到自己的人格化表达，摒弃“潮流”“24 小时不夜城”“家庭化”这些基础属性的描述，消费者不需要无关痛痒的“相伴”，明确的人格化价值主张是博取认同的唯一理由。价值主张可以矛盾，但需要“极致”，因为新潮消费可能今天忠于功能与品质，明天就会追求极致无用。

知道如何营造“新稀缺”

“细分”和“当季”就是新时尚，IP 不再是长期的代言人，而是其中之一。

影响消费者的情绪而不是叫卖的花招

理性和逻辑引导人分析，情绪却带来决策和动力。顾客喜欢“时尚”，但“喜欢”往往并不代表“时尚”，当商场的运营与营销团队看到在其他地方火爆的 IP 展时，需要更深地挖掘这些艺术和 IP 作为手段是否暗合了目标顾客的价值取向。

大多数时候洞见只不过是一些有用的废话，但有趣的是它们往往易于理解，却很难做到。从懂得道理到把事情做对是一个过程。

5 在可增长空间内，商业要抓住不变来应变

许多商业人常有疲于奔命之感，因为变化太快也太难以把握。但即使如此，我们也依然能抓住一些“不变”的磐石，作为立身的根本。

增长的大趋势不会变。因为在全球经济角色中的重要性，也因为国内城镇化率发展的所处阶段，中国消费需求总量还有一定的增长空间，虽然增速已比不上当初。

中国是全球的重要经济体之一，这正是民族自豪和发展自信的根基，国潮并不是潮流本身，而是基于经济地位的文化觉醒和输出机遇的产物。在这一大背景下，将传统文化融入制造和零售，或以此为基点进行细分社群的打造，都成为可以期待的创新。

与其他各国相比，中国城镇化发展的速度非常突出。根据住建部公布的数据：2021 年我国常住人口城镇化率达到 64.72%。从全球范围看，世界各国在城镇化率突破 60% 后，提升速率明显降低。这也是商品饱和度到达一个

峰值，细分和充分市场竞争开始的信号。但在国内，由于创意与源创新还没有在商品制造中发挥充分价值，产品细分和新品涌现的现象很可能在未来十年中出现。

在日本，统计数据显示连锁品牌数量从1990年到2020年的30年间，实现数量翻倍；零售店数量在近20年间总体只有30%的增长。未来10~20年，在更激烈的竞争中，我们很可能看到更多国潮及原创品牌与产品的出现。

除了商业增长的大趋势不变，消费在无穷变化中也存在“不变”的本质。

如果对商场顾客进行调研，询问他们确定购买决策的依据是什么，得到的答案可能大同小异：品牌、质量、价格、性价比、实用、耐用、健康、安全……可是所有这些描述，背后都有“程度”的不同，正是“程度”的分毫差异，造成了实际购买行为中的千差万别。信息平台拉平了国内消费者“眼界”是个不争的事实，这就让对于决策取向“程度”的辨识成为必须。

之所以说“重新创造消费者”的比赛开始了，因为竞争的加剧、疫情的突发，使得无差异供给更难以存续。在传统和过往的消费者辨识与研究中，消费者被叠加上重重标签，然而，研究的结论却带来更多“消费者善变”的忧虑，我们不妨先探究下本质的和不变的。

第一，无论什么时期，消费需求都会存在。

社会化协作产生之后，货币就成为劳动者可支配的劳动收益和社会价值交换的媒介，这是驱动消费成为创造公共利益和使得劳动创造价值形成闭环的最基本真相。劳动者可以以货币交换基础生活物资、体验和服务，更可以通过消费满足表达和倾诉的自我需求和自我实现，这就意味着消费的场景、渠道必将长期存在，不会消失。货品从少到多，供给从单一到丰富，从功能到去功能，升级还是降级，关于需求端的讨论，什么时代和时期都存在，就像鱼缸里的水和水温，无论品牌经营者还是商场运营者都无法改变，只能契合。需求在那里，为何我们的“客户”消失了？因为原有的产品、服务无法满足他们的需求了，所以识别并不是为了感叹，而是需要尽快应用于供应的调整、创新，干起来。

第二，消费需求不会无规则变化，是需求在不同时期呈现出排序的变化。

在原始社会，“生存”就是人必须面对的根本需求，同样也是人的根本束缚；人投身到社会中，从事劳动生产的终极目标在于追求生存的自由。伴随着生产力提高，社会不断进步，从奴隶社会、封建社会、半资本主义社会一直到社会主义社会，物质供给丰富程度大幅度提高，人的根本需求也从生存、人身、阶级进化到了经济，而在其中始终不变的是，人对自由的追求。当代人的根本需求与根本束缚早已不再是追求生存或是人身的自由，而是围绕着经济展开的追求经济自由。

人类社会从摆脱生存依附、人身依附，到资本主义时期的阶级依附，至今已经发展到信息时代下的认知依附。新消费环境下，消费者对于“价格、品质、品牌和自我实现”的排序即是按此规律，已经发展到自我价值彰显的阶段，无论是时下争议的消费升级还是降级，本质上是由于消费者已经摆脱了经济依附，不再依赖外在品牌彰显自我，而更看重商品的自我价值倾诉和解读。

第三，消费者不是一个人，而是一类人，需求并不是个体不变的必然，而是某种生活方式和场景的对味。

尽管 ToC 是零售和服务的特性，但我们所面对的消费者并不是个体，而是以群体的样貌出现，因此每一次识别都需要基于自身的产品定位、功能进行筛选后再予以研究。某类人并不预示着需求的趋同性，需求也不是个体不变的必然。需求的满足构成了生活方式本身，随着新消费身份的多重叠加和新场景的出现，需求也会以新的方式产生。

6 以“增长”为目标，就是极致地以人为中心

面对品牌与商场经营的业内朋友们向我提出的“国内商业走势如何？到底还怎么做？”这样的问题，我的回答是：“无论如何，一定要增长，而增长就要极致地以人为中心。”

这是一句有用的废话吗？在很多人看来，是的。然而，心之所向，素履以往。正确的事和把事做正确往往并不是因为掌握了什么神秘的密钥，而是将简单的事坚定而持续地做下去。

面对不可控，我们只能尽早着手可控的。局面即使没有迅速反转，坚持做些可以做的，也一定有积累的作用。在我看来，为什么会有焦虑和困惑？要么是自己与预期中的完美存在差距，要么就是担忧能力不足。这其实都是大脑给行动制造的障碍，需要用行动来破除。“没有获得方法就如同一无所获”，这是大多数遇到困局接受外部建议者的心态。然而正如当下你的外貌是日积月累形成的，罗马也不是一天建成的，“一招鲜”往往只青睐那些持续投入思考和努力的人，只想走近路往往不是绕了远，就是掉进本应绕过的坑。

“方法，我也不知道方法啊。但是做蓄水池般的经营是一定要有的想法。”松下幸之助先生曾经在公开场合分享经营之道，由于原则与理念丰富却少有方法而遭受质疑时的一句自言自语般的回答，在听众的一片哗然中稻盛和夫却深受触动。是的，方法和努力因人而异，往往是个体的创造与生发，而牵引的驱动却来自理念与价值观，作为人的驱动是这样，企业的经营发展驱动也是这样。

方向坚定，路需要自己去走。若没有“增长”的目标，也就无法对“如何”进行深入的思考，无法真正地检讨、复盘，也就不会真的理解与认同“企业因价值而存在”，为“客户第一”真正投入。

如今，“重新创造消费者”的比赛向所有着眼更长久的商业运营人吹响哨笛，比赛开始了。

第三章

增长创空间：场景营造的目的与途径

章前语

正如许多人预言，互联网如洪水猛兽，摧枯拉朽，席卷一切。

出乎许多人预料，互联网并未让实体商业死亡。相反，融入了互联网基因后，实体商业奇迹般显出新的活力。

所以，不是实体商业不行，而是一些实体商业人的认知结构过时了。商业增长的底层逻辑已变，山不是山，水也不是水。同样，空间、场景、设计……在各个我们原本认为“理所当然”的领域，规则悄悄改变——变得更贴近消费者本心，更贴近商业的本质。

一　中国商业格局重构下的新场景定义与搭建法则

导语　实体商业的“场景化”成为业内热点话题，但如果仅仅将“场景”理解为新奇的、富有主题性的空间设计及装饰展示，那就太过浅薄，“场景”的释义是“指戏剧、电影中的场面”。那么，在商业中，新场景则是要综合时间、空间、交互体验、全息感官……为消费者呈现一段他/她梦想中的生活方式。

“互联网如洪水猛兽，吞噬一切，实体已死。”曾经盛行一时的论调，如今不再有人提起。

不是实体商业不行了，而是实体商业的增长需求要寻找新的思路与新的渠道

互联网的冲击有目共睹，但冲击并非导致消亡。当线上已成一片红海，流量成本越来越高，热钱又开始更多地关注实体；实体商业融合了互联网基因后，呈现出更强的活力。认为“冲击”必将带来实体商业的衰亡，大概是一些实体商业人在新玩法面前的措手不及。

其实，不是实体商业不行，而是一些实体商业人的认知结构过时了。一方面，是因为对于增长的需求已经无法在互联网内部消化；另一方面，也是价值的回归。

1 新现实背景下的新现象

一个有趣的现象是快闪店、明星店、买手店、文创书店等新型业态在一线城市的爆发式增长。在时代的快变与创新下，交易的企图被体验与文化掩藏。例如过去，书店的功能在于书籍的售卖，所以当亚马逊等电商迅速崛起的时候，书店的日子都不好过，最后，以提供文化与体验为核心的文创书店崛起。虽然新型业态仍然只占总体的一小部分，但是这些现象预示着新时代的拐点已经来临。

过去，各个城市在其历史与区位因素的影响下，经济发展并不均衡，而这种经济发展的不均衡决定性地影响了各个城市的商业发展和文化氛围，但在《2017 中国商业地产活力 40 城》研究报告中我们可以发现，技术与文化已经成为最影响商业的相对快变量，经济发展水平的决定性地位有所下降，传统的分析模型已经不足以抽象概括新现实。如图 3-1 所示，商业地产活力更强的城市，“网红指数”往往更高。

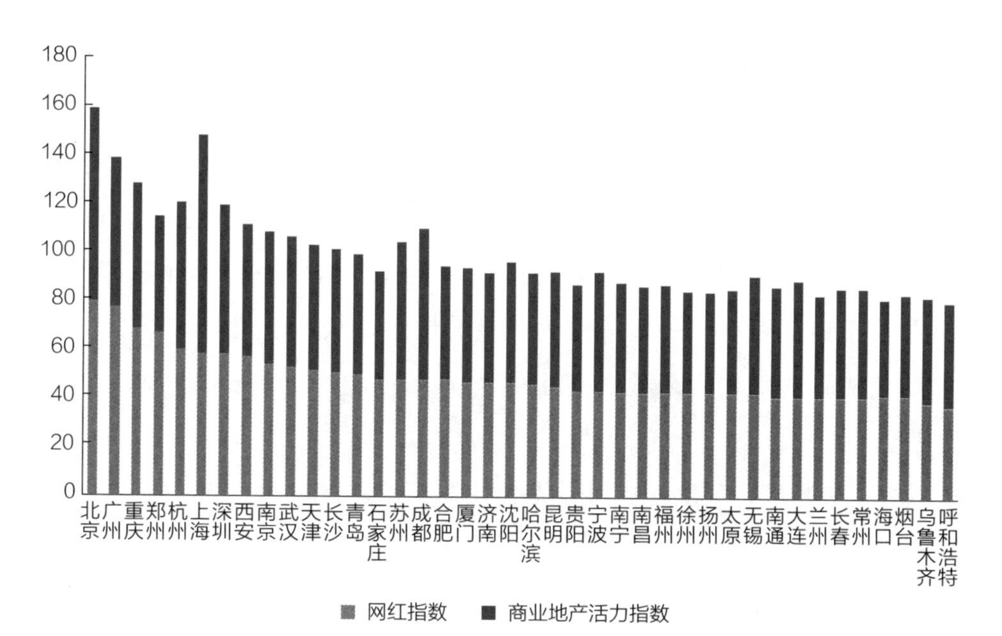

图 3-1 中国商业活力 40 城商业地产活力指数与城市网红指数

代际的更迭也是新现实背景下不容忽视的现象。消费升级，具体说来是消费目的中，精神因素变得越来越重要。在时尚行业，价格与质量因素对购买行为的影响越来越小。我们没有办法再通过“买得起”与“买不起”来设定、界定人群，高、中、低端的分类方法过时了。在内部，我们做用户分析模型涉及的标签高达 170 多个，而这个数量还在不断增加，以求更加精准。

2 “认知溢价”时代的商业特性

技术和经济快进的当下，新模式、新概念也一再被推出，我时常想，活在一个有机会集体发明轮子的时代，我们理应心存感激。

“新场景”已经是商业领域常挂在嘴边的词了。“场景”的释义只有简单一句话——“指戏剧、电影中的场面”。作为商业新时代的新现象，大多数人对“场景”尚无明确定义：空间理念？装饰风格？声音、气味？没有定论。表面上看，是这种基本的概念没有被厘清，背后的原因则在于，当没有能力解读新时代新现象时，知识过时后的认知无能。

要了解场景的定义，先要了解场景为什么会产生。

在物资匮乏的时代，商品的价值就是商品本身，交换就是商业的主要意义。物质逐渐丰裕起来，场所、平台、服务为商品带来附加值，价值的通路被拓宽。而在一个物质过剩的时代，“价值”甚至先于商品，“价值”无须依附于商品存在，价值观成为产品的核心。从这个逻辑出发，对于寻求“价值观”的消费者来说，商业可以提供的是什么？两个方面，即内容与态度。

内容，是持续、高度的物质舒适水平倾向于瓦解传统的快乐之源。

电影、动漫、游戏、文学、IP……各种内容都已成为购物中心主题运营的重心，但仅仅借势外部内容的导流行为还不够。如果我们回过头来审视购物中心，会发现它本身就有成为内容的潜质。

态度，要么内容丰富，否则诚实回归，彻底的人才更有可能赢得最大限度的认同。

在这个冷淡风与复古风共存的时代，人们的生活态度比想象中的更加离散化，用模糊化的价值观以取悦更多的人的努力很有可能陷入尴尬境地。简单地说，就是不能一边“既要”，一边“又要”。

在工业革命时代，劳动效率的提升是主题，改变劳动方法可以带来溢价；科技革命时代，通过学历教育带来的知识提供更多的溢价；而到了互联网时代，认知是能否产生溢价的根本区隔。人们的价值诉求越发离散化，给所有的实体商业人带来了前所未有的挑战，没有能力提供不同，是最大的困局。图 3-2 便表现了世界竞争的核心发力点，即由劳动溢价、知识溢价向认知溢价进行转变的过程。

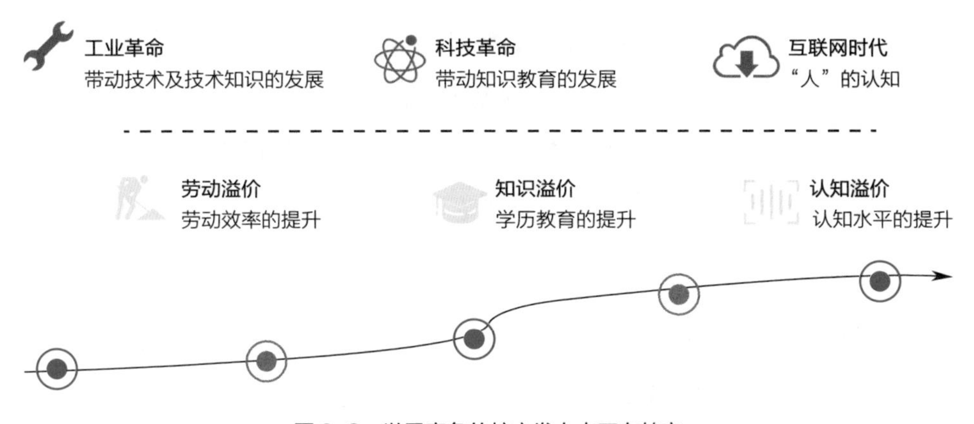

图 3-2　世界竞争的核心发力点正在转变

所以，新场景的搭建法则是认知问题。

3　什么是新场景

新场景，就是在新消费时代的背景下，为特定族群的生活方式中的片段提供的解决方案，如图 3-3 所示。

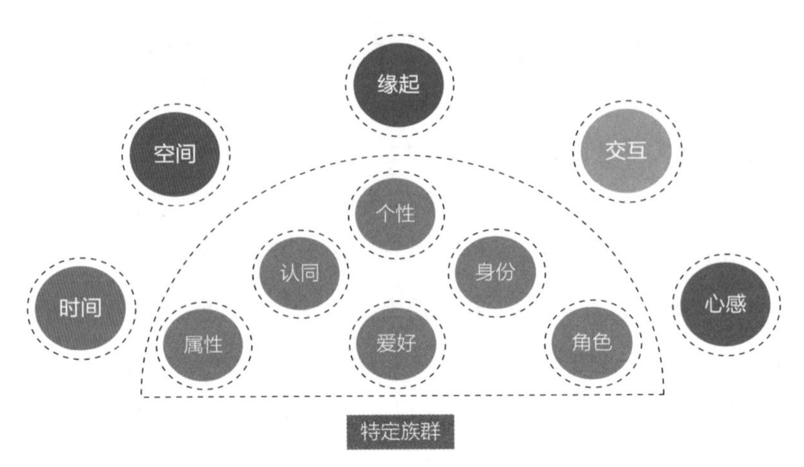

图 3-3 新场景是在新消费时代背景下，为特定族群的生活方式中的片段提供的解决方案

这个解决方案的成型，涉及五个方面：

（1）时间

新的时间分配方案，而不是争抢时间。

商业之间的竞争很容易变成对人群时间的争夺战，在商品流通为王的时代，这个逻辑没有问题，留存意味着更多的成交。但在新消费的背景下，我们搭建场景，是为了解决目标人群整个生活中一个片段时间的消遣，时间的深度比长度变得更重要。

（2）空间

打造暗合消费心智的抒发渠道，与交易相连而不是简单的元素堆砌。商业完成了人们对空间的感知与想象，如果空间与消费心智不符，最终会成为交易的阻碍。

（3）缘起

解决、认同来消费的动因，推动决策和执行的诱因。当商品购买的功能作用不再是人们的硬性需求，商业需要寻找与人构成联系的新的动因。

（4）交互

购买外的交流与仪式感，而不是简单的流量滞留。在价值传递的通路被打开后，商业与人的交互就不再限于商品，通过渗透细节的价值观，商业与人的交互有了更多可能。

（5）心感

融入瞬间情绪的记忆留存。我们的认知是逻辑化、结构化的，但我们的记忆却是碎片化的，在记忆被唤醒时，瞬间的情绪会成为我们判断一件事情的重要依据。那么，我们可以思考一个问题：商业需要给人们留下带着什么样的情绪的记忆碎片？

4 新场景法则的应用

我们拿新场景法则的思路来看新出现的一些现象，会发现一些本来的偶发成为逻辑的必然。

（1）范式

Gucci 开了咖啡店，ARMANI 开了咖啡店，D&G GOLG、BEAST、MUJI 都开了咖啡店，甚至连永久（对，就是那个自行车品牌）都开了咖啡店。为什么他们都要开咖啡店呢？这是他们在赢得了特定人群的价值观认同后，搭建完整的生活方式范式的必然，这种范式的搭建，难度不高，但是却成为场景搭建的一环。

日本 blue bottle 咖啡店

（2）同好

在传统书店行业下滑严重的背景下，单向空间、西西弗书店、猫的天空之城、方所、诚品书店、库布里克书店等一大批独立书店崛起，以书为主题，这些新型书店完成了同好人群的生活场景延伸，与传统书店貌合神离。

（3）族群

除了提供生活方式的范式，或者同好人群的生活场景延伸，新场景也为特定族群特有的生活方式提供功能化场景。比如一些人并不愿意在吃饭时与别人过多交流，一兰拉面的“味集中座位”就是为了解决这种特殊的功能场景。

5 忌与宜：需要关注的原则

（1）忌贪婪：极致是最强的价值观号召力

举两个例子，一个是亚马逊的线下书店，效率是构成它的空间的核心，这里会有消费者的评论，会有线上、线下的同价，会有数据的支撑。

蔦屋书屋以人的生活场景为核心，这里的人追求的是生活本身的感受，而不是阅读的效率。两者对比来看，亚马逊实现的是绝对的效率和便捷，而蔦屋书屋则实现生活的审美。如图 3-4 所示。

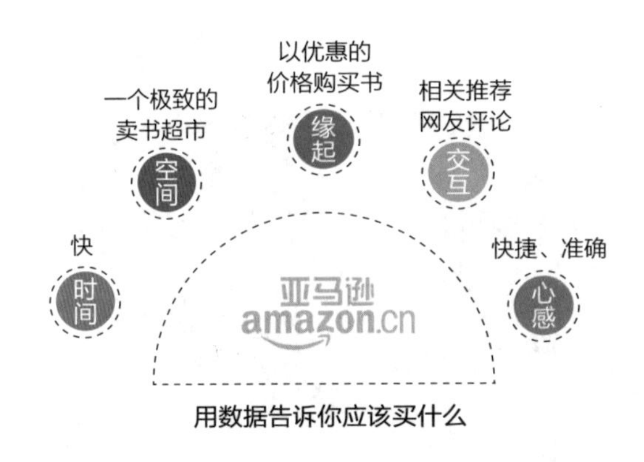

图 3-4　亚马逊与蔦屋书屋从不同角度实现了“极致的服务”

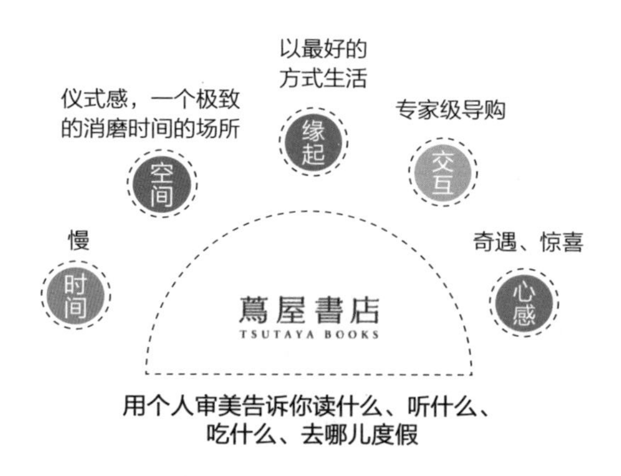

图 3-4 亚马逊与蔦屋书屋从不同角度实现了“极致的服务”（续）

（2）忌单细胞：追求极致的服务而不是服务的极致

把一个杯子擦得再亮，产生的效果也没有什么大变化。当单一的服务达到一个临界值，就没有了加码的意义。极致的服务，则是从人的心理结构出发，提供更加完整的服务。仍然拿亚马逊为例，亚马逊收购全食超市（Wholefoods），便是打造了满足消费者需求的闭环。商品不再是商品，场所不再是场所，只有人，才是各种外物所需要满足的。

6 数据：底层的支撑

在搭建新场景的过程中，文化层面的认知灌注整个过程，但很多人容易将文化与艺术混淆，艺术追求极致，并不迎合大众的理解，但文化却与大众息息相关，混淆两者的人往往将对艺术的追求强加于对文化的认知上，对自己不认同的文化产生排斥之感。这是极端的情况，更多的是因为不理解目标人群的文化而产生的错位。

如何弥合认知与实际的错位？数据能提供强有力的支撑。数据通过将需求分解为最小的解读颗粒，为每一个细分需求提供了标准化的解决方案。如图 3-5 所示。

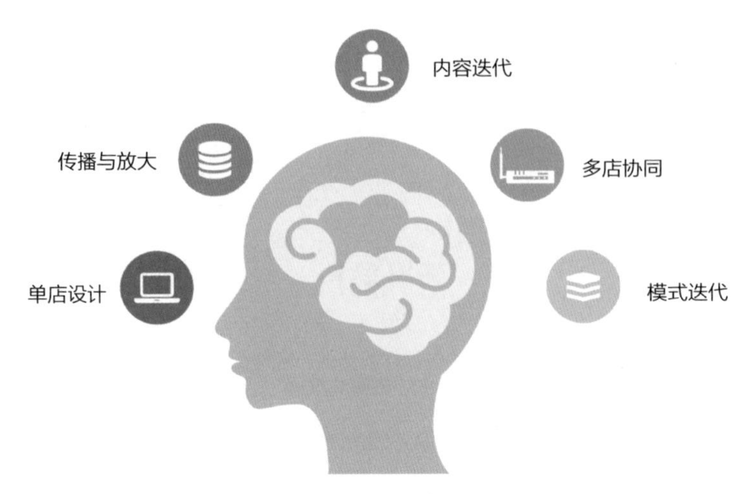

图 3-5　需求的洞察与效果的评估

数据通过将需求分解为最小的解读颗粒，为每一个细分需求提供了标准化的解决方案。而这些极致标准的组件，为变化无穷的需求变化提供了一一应对。从商业前端看，商品与服务很难批量供应，而从后端看，所有的商业行为都更加统一。极致的标准化为极致非标的商品与服务提供了支撑，这并不矛盾。

通过对城市数据、区域数据、场内数据等多个层次的整合与分析，商业得以完成单店设计、打通传播与放大的通路、内容的快速迭代、多店协同运营、模式的改进等完整的需求洞察与效果评估。基于数据分析进行决策，这使得商业人在不熟悉的文化面前，也能搭建更符合特定人群的新场景。当然，前提是无论思考还是行事，都保有一颗敬畏之心。

二　问对 10 个问题，让商业规划不走弯路

导语　从定位落地到产品成型是项目从构想到实现的关键环节之一，但由于语言体系、思维方式与角色的不同，在这关键一步的共识往往需要花费业主、策划顾问与建筑规划，甚至交通、景观顾问等各方大量的沟通精力与成本。好的目标和好的问题能为建立多方共识提供最佳路径的引导。

身边经常有朋友邀请我“评价一下这个建筑设计”，此时，我会习惯性地问一句：“是从审美的角度，还是从运营的角度？”若是从审美出发，可能只有经过建筑师的解读，别的角色才有基础加入讨论；而若是从运营等商业实用角度，则可能给出最直接的建议。

商业设计是基于实用设计之上的创意，除了建筑师的用心，商业规划的立意，以及后期使用的便利都需要纳入考量。

泰国 Siam Discovery

1 化描述为尺度

商业策划顾问的必要性是“想清楚再做”，这其中需要兼顾市场宏观层面、消费需求，需要对区域竞争情况进行深度解读；还需要充分了解业主意愿，并对项目自身边界条件的复杂、多元因素进行研究、分析，最终才得出商业定位。

因此，描述性语言就成为顾问方的惯性表达，用词用语往往会融入渲染的成分。比如：城市会客厅、体验式空间、人性场所、交互场景，业主还可以依靠定位演绎和功能阐释进行理解，但转换到设计师的脑海，就会产生一连串的问号。什么是会客厅？体验式空间长什么样子？人性场所多宽？交互场景多高?

所以好的策划顾问需要“不止于描述”，更需要将描述转换为尺度，也就是多长，多宽，多高。这样就可以在与设计方交流时，将产品阐释为：为了体现人性场所，街区式商业的街道宽几米，门头位置多高等。

2 分层逐级共识目标与原则

产品落地首先需要与业主、建筑师达成一致的总目标，也就是规划与建筑最终需要促成的价值兑现如何承载，这个目标在经济效益与市场影响方面的显性评价标准是什么；然后可以根据总目标设立若干在产品规划与表达方面的分目标；再就目前的方案分析，是否与目标相匹配，按照方案实施，是否可达成各个分目标，乃至实现总目标。各方通过共同展开探讨和分析，看如何尽可能地缩小差异。以下提出几个可探讨的目标视角。

（1）要实现经济效益，产品设计该如何做?

建筑设计的生命从建造完成、投入使用开始，从建筑设计上，我们可以预判这个产品要实现经济效益，产品设计该如何做？应对市场竞争的能力，我们称之为“产品力”。从这个角度看，规划与设计方案务必要呈现出对产品盈利模式的解决方案，也就是说，需要明确地传达出项目的生意逻辑。

泰国曼谷 emporium
购物中心

要实现经济效益，产品设计该如何做？最常见的就是租与售的盈利模式不同，产品设计也要有很大差异。如果是持有招租，更看重长期的可持续经营，更关注品牌可进入的业态条件适配、各个店铺可视性与通达度、中庭的仪式感与运营活动容纳性、尽量增大可经营面积等。

而销售类商铺则更关注投资客在单铺面积影响下的总投资、利于运营的租售节点铺位安排、考虑最大化降低经营成本的场景化等。若是销售类街区，却规划成了无可独立切分的大单体，或是大铺位的街区，则已经与生意的目标相悖。

如果在一个项目中持有和销售并举，还需要认真规划租售关系，因为在销售型商铺方面，从利于去化和未来利于经营的角度上，铺位划分需要遵从的是运营角度的均好性，而不是空间与面积大小的均好性。

策划阶段是为产品进行市场价值化的定位，挖掘目标用户心目中的位置与差异化价值，并以此形成打造产品的系列标准。

（2）好的规划与建筑方案要呈现合理的关系与次序

找到明星。好的规划与建筑方案务必要呈现出明星是谁。比如在 CBD 区域，超高层写字楼就要出形象；而激发区域活力且塑造中心感，就要靠主题性街区式商业。在消费需求与品牌升级机遇下，高端购物中心则是最合适的主角。

规划既涉及物业间的关系与次序，也会涉及产品外部交通与内部各物业间协同关系方面，通常用以评估和探讨项目在内部与外部连接关系上交融通达。

这里介绍一个观点：所谓连接，既发生在端到端，也关乎连接的两边。这是多年来我在评估连接关系方面的心得，一般而言，“通达”是评价商业设计的通识角度，人们往往忽视了连接的两边，但最终使用商业空间的消费者一定不会急匆匆赶路似的游逛，两边的风景让人流连忘返有时候才是目的。

（3）从用户的视角考虑建筑的尺度

消费者与品牌商户都是商场的用户，在可销售产品方面，投资客也成为兑现产品价值的用户，对于租售前面已经有过说明，此处就只针对持有型商业做一下提示。

品牌商户需要考虑业态的适配性，而消费者视角可能是最复杂且对持续经营影响最为持久的。从最底层考虑，首先就是消费者如何到达的问题。从设计上说，就是要模拟未来消费到访的用户旅程下的便利与顺畅，公共空间的设计就更需要考虑为刺激成交而产生的场景违和感。

比如，人性场所的尺度，街区需要考虑兼顾不同层次功能下的尺度，店铺、外摆、绿植/美陈布局与人流单向或双向下的宽度。又如街区或盒子商业消费向前、上下的视觉带动和拉动等。

原则主要考虑：

- 从大到小：先重视空间设计的关系、次序，再到局部和细节；
- 由外及内：先考虑商业如何与外部连接，再考虑商业内部的关联与通达性；
- 从后向前：运营前置，先考虑商业运营时给消费者带来的便利与舒适，再考虑设计本身；
- 软指导硬：以文化与概念指导硬件，主题先行。

总之，在定位向产品规划衔接的环节，各方角色不要陷入“懂得那个专业就好了”的焦虑中，作为商业顾问，也并不需要与建筑师比拼审美造诣与对控规的熟悉度，而是从未来商家和消费者，以及持续经营的角度对规划与空间加以优化。那么在衔接中如何做才是有效的呢？各方守好角色本分，在角色中关注目标、底线与边界。

业主方：需要以最终目标为先，不能为了个人偏好的创新而损失整体开发价值，还需要兼顾政策边界，以及项目整体开发在周期上的底线；

策略顾问方：确保定位的契合，定位兼顾的是项目整体盈利或品牌口碑的最佳方案，契合定位就是坚守客户价值的实现和项目的最优发展，因此在各物业用地中的体块与位置关系、体量和复合运营的协同关系方面就需要坚持；

规划建筑方：发挥创意方面的优势，兼顾合规性，以实用设计的理念与人文思考呈现作品。

3　10个问题引导各方快速形成商业方案共识

理解了商业设计沟通的基本原则，在具体形成方案共识的过程中，好的目标和好的问题可以帮助各方走到通向最佳解决方案的路径上。

好的商业规划设计有以下一些特质，这也是我们需要达成的目标。

- 需要表达和呈现清晰的商业模式
- 在项目限制性条件下进行延展
- 内部关系最佳连接
- 交通组织闭环处理
- 公共节点处理
- 品牌与空间融合

在沟通时，利用这10个问题清单来确认现在的设计是否是最佳解决方案。

（1）设计是否是大边界下的最佳创意设想？

在边界下尽情发挥再收拢，否则就会只看边界却损失最佳可能。

（2）是否契合整体定位？

复原定位，就需要在设计师不做阐释的情况下，让各方感觉“是这样的”。

（3）各物业间协同关系是否到位？

商业策划与设计都需要以终为始，用运营的视角来做思考，协同关系就是这样的呈现保障。

（4）是否是以最利于产品盈利模式实现的产品形式组合？

盈利或口碑是项目实现落地的最终目标，偏离目标的创意都可能造成精力与成本的耗费。

（5）是否遵循了整体主题的一致性？

空间的审美是为兼顾商家的视角，人的决策过程是先理性分析而后情绪化决策，主题就成为空间、功能与商家的最直接联系。

（6）是否考虑了外部交通？

对外连接与可视、可达是流量通畅的保障，复合型物业组合及基地小的产品尤其需要考虑。

（7）是否兼顾了内部各空间的协同关系？

纵向与横向的内部空间是在模拟运营场景，若切换到用户视角发现不通畅、不方便和不愿意去，则有必要重新思考内部各空间的协同关系。

（8）用户视角的交互场景下的激励要素有哪些？

在消费者疲惫的时候应该有把椅子，感到无趣的时候要出现一个冰淇淋甜筒，激励消费、延续游逛就需要在空间中设想和实现消费游逛时候的心理动态，合理规划路径。

（9）设计和规划的底层逻辑是否契合目标客群的价值观与审美表现？

好的设计源自于发问和探究，这也是博得认同和消费审美契合的最佳路径，只在功能上探讨，各方很难达到协同认可，所以需要在更底层和更高境界进行拉通。

（10）是不是最佳尺度？

以人为中心的设计，最佳尺度就是便利于人、激励人和引导人的。人的仰视在什么角度？游逛疲劳会在什么时候出现？并肩的人如何不感不适？这些在空间方面都需要给予关照。

4 结语

商业空间的构建和别的建筑都是一样的，不能单凭科学与技巧，它必须是经过了策划师、建筑师、开发者等相关角色加入了自己认同的理念和审美，并最终达成共识或做出决策的。功能的美感是简单直接的呈现，而具备美感的功能则可能是繁复而浮夸的。

三　作为非建筑师，商业咨询师如何练就空间建构能力与鉴赏力

导语　“好空间符合人所在的情景，是对人情绪的整理。”这是我从事商业地产多年后，思考商业空间构造时脑海中闪现出的一句话。优衣库的视觉呈现是力求“单纯而明快，明确而强烈，牵引着时代的温度和气息”，那么作为商业空间的咨询师，如何才能具备鉴赏、解构的能力？答案就是“一秒切换到用户视角”。

业态与品牌的硬件需求是什么？购物中心扶梯如何规划最有利于店铺运营？销售类商铺在当下区域市场受欢迎的面积区间多大？因运营需要规划广场的尺度为何？……作为商业咨询师，在这个行业浸淫几年后，这些经验和心得是较为容易被掌握的。但不要想当然地认为，掌握了这些就掌握了商业咨询师理解与品评规划与建筑方案的要领。在与真正有造诣的设计师讨论方案时，停留在“术”的层面，就很难从总体和统领的角度与建筑师、客户一起实现“道”的共识。

价值观、理念、信念、审美鉴赏力，这些关于“世界应该是怎么样的”底层思考，看起来既务虚，又很难理解和掌握。但其实，这些才是人在取舍间最关键的因素，也几乎是一切分歧的最初根源。与建筑师对话和探讨方案，往往也始于理念的共识，才有技术的被接受和建议被采纳。

如何建立与建筑师一样的规划理念与视角？最有用的方法有两个，一是阅读哲学和社会心理学书籍，二是刻意练习解构空间的能力。

1 读书的意义：审美以“秩序”的样貌呈现

设计是审美的秩序化呈现，无序也是秩序的一种。审美的定义是指人与世界（社会和自然）形成一种无功利的、形象的和情感的关系状态。其是在理智与情感，主观与客观上认识、理解、感知和评判世界上的存在。建筑师与设计师正是将这种蕴含在内心当中的美好进行了外显化，办法就是将概念化的需求抽象成尺度。未经专业训练的普通人与设计师在三维空间的构建方面达成共识，就必然通过更底层的逻辑，那就是哲学与社会学的概念范畴。

大多数人说犹太人很会赚钱，而高一个层次的说法是：犹太人善于发现和总结赚钱的规律。建筑的秩序化，就体现在对经济利益达成的需求、文化的诉说需求，以及希望促成情感寄托等方面。人在经验积累后会形成惯性，最有效的办法就是按规则与类别将经验放在框架中，并在未来相似情况下加以验证或打破、重组。

要想让最终的产品用户感知到，并深以为然的最佳境界便是起于哲学的发问，终于对人的思考。当安藤忠雄先生讲述方案时，表达人的思想必然高于物质，所以修养思想的艺术空间必须建构于商场顶层时，你还会因经济效益问题而继续辩论吗？如果开发企业的决策者已经接受了这样的理念，往往争议不会再产生。因为，有造诣的大师会构建一个思想空间，这个空间的现实场景通往一个无法博弈的哲学逻辑，与三段论一样，前提不可辩驳，你若认可前提，则结论自然呈现，不存在争议，或你很难具备争议的能力。所以，阅读一些经典的哲学书籍、社会学书籍，再阅读一些你喜爱或敬仰的国际建筑和设计大师的书籍，这会帮助你在最短的时间内补充思考的土壤。

2 练习解构：在解构、重构下复原设计要达成的目标

审美的秩序并不是世人都具备的，鉴赏与生发完全是不一样的能力，更因为其内在的底层逻辑来自于概念化的个性化解读，所以除非已经具备了世人认可的审美造诣，否则不应该用自己的审美去评价别人，也无须自己去修

日本松山市美术馆—草间弥生馆

炼成设计师，而是需要从构建的原则与角度去解构再复原。如果我们不以“它是从何而来”的角度思考，那么我们的品评就只是一种个人发泄，不具有任何价值。将脑海中的一种理念或某个表达方式，或者是一个闪念构思用点、线面的形式呈现出来，这是建筑师必备的能力。我们主要来说说解构空间的能力，这也是我最喜欢的一个游戏般的练习与习得过程，我很愿意介绍给大家。

好的设计是实现目的的手段，建筑师与设计者将定位通过空间承载开发和运营计划来实现，以达到经济或形象的目的。在理解这一作用过程后，我们就可以通过解构练习达到习得的目标，如图 3-6 所示。

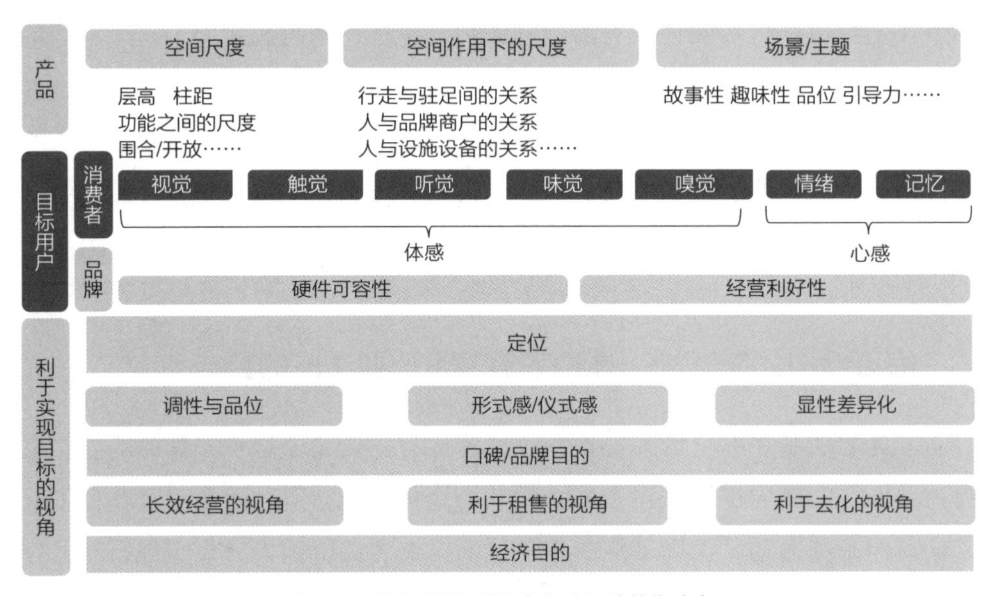

图 3-6 从实现目标的视角提高设计的构建力

如果不在分级分层中品评，就会在决策次序下迷失，“以……的角度来看，这个……”是很好的探讨和达成共识的句式。

具体如何练习，当我们在进入某个商业空间时，就启动思考两个问题：

第一个问题：“我的感受是……，为什么有这样的感受？”

第二个问题：“这样做，利于达成……的目的吗？”

这是商业咨询师日常逛街与考察项目思考的必要问题。

我们用两个示例说明：

示例 1

浅草寺一带沿街商铺通过交通、店铺立面和店招的处理，有效解决了店铺的可视性与可达性问题

这是日本浅草寺一带的沿街商铺，地下与二层的店铺从日常经营角度方面考虑，需要解决如何更可达的问题。

一秒切换做楼上和楼下的租户，问自己：

“我的感受是……，为什么有这样的感受？”

答：“感觉这样很顺畅和通透，因为楼上店铺可见，楼上楼下自然衔接。”

问：“这样做，利于达成……的目的吗？”

答：“通过交通、店铺立面和店招的处理，有效解决了店铺的可视性与可达性问题。”

示例 2

这个示例中，我们可以看到窗外狭小的空间种了几根竹子，一秒钟切换为里面用餐的消费者，会从内向外看到生机勃勃的景致。解构下来，是用通透的玻璃将修竹的景致借入室内，透过温柔的灯光营造出柔和、安静的氛围。这样的设计有效地延伸了室内空间，将自然融入室内。联想到在日本土地是稀缺资源，对狭小地块和空间的处理，正是他们擅长的，而在传统的日本建筑中讲究室内外的界限是模糊的，更是强调了人与自然融为一体。

浅草寺电影人一条街的底商窗户设计

第四章

增长新途径：如何让“数据”变成力量

章前语

商业的本质是体验，当新技术的出现、发展和迭代，使得“人、货、场”的连接方式发生了变化时，商业可以提供的体验将会从传统的二维、三维，转变为更加丰富的“全息式的体验”。在商业创新的时候，大数据、云计算、物联网、人工智能、智慧物流及互联网金融等新技术，将重塑人、货、场三者的关系，深刻影响整个商业生态。

一　2017 年国内实体商业进入精明增长期，我们如何让运营更聪明

导语　商业地产由增量市场转变为存量市场。如何更了解并引导新消费、如何更高效地整合资源和集约团队、如何提供更个性化的服务，成为精明增长期的核心问题，互联网带来的 2C 思维和即时平台连接技术都为这些核心问题提供了更高效的解决方案。

从生意的角度上看，商业地产是爆发式增长还是稳定前行，只是不同市场形势下呈现的走势；从生存的角度看，盈亏都是常态，在市场及金融环境趋于开放、技术趋于全球领先、理念更加丰满的当下，商业地产的行业前景一定是向好的。

互联网带来的 2C 思维和即时平台连接技术可以让实体商业实现“精明式增长”

当下，这种向好已经在实体商业逐步脱离了电商围堵的困境时，越发清晰了。在电商流量开发受控、进入快盈利困局之时，更易实现资产化、更具

流量运营价值和更快凭借互联网演进的实体商业格外引人关注。

在开发的发展阶段，阿里巴巴、京东等互联网主力军由线上深入线下，互联网越发看重实体商业与人发生关系的场景；主流 VC 开始涉足实体商业；百货和购物中心为迎接新零售和新消费主动思考变革。这些无不说明，实体商业将进入一个新的增长期。与之前在量上的激增不同，实体商业进入了精明增长期。

“精明式增长”的概念来源于城市规划。2000 年，60 家美国公共团体在规划协会组织下，提出并确定了精明增长的核心内容：它是一种减少盲目扩展，以节约和集约形式利用现有资源的增长模型。精明增长的提出，是针对美国多数城市的发展模式——无计划的、分散的、依赖汽车的郊区外围化发展。但这一模型在提出之后，不仅适用于城市规划，更可被阐释和应用到由粗放增长进入精细化运营发展的各个产业中，目前国内实体商业发展正处于这一时期。

1 为什么实体商业需要“精明式增长”

（1）增量到存量，市场进入开发转运营的较量期

经历了 2012—2013 年存量激增后，商业地产从新增集中放量转为存量市场，随着住宅市场的政策性受限，开发的红利期已过，商业面临高库存、同质化运营等困境。据国家统计局数据显示，2017 年第二季度，全国房屋建筑竣工面积累计超过 149211 万平方米，其中，住宅房屋竣工面积为 99286 万平方米，商业及服务用房屋竣工面积为 10753 万平方米。也就是说，当下中国有超过 1 亿平方米的存量商业。

这几年实体商业的市场趋势已经非常明显。销售红利已经过去，快开发模式不再适用，商业地产由增量市场转变为存量市场。大量存量项目一方面体现出市场供需结构明显变化，项目招商难度的加大，另一方面也意味着许多项目将面临生存压力，若想获得重生，就需要构建新的价值链。一场从开发力到运营力的较量大幕已经拉开。

（2）互联网技术催生新工具，资源有效利用成为可能

地产开发企业已经纷纷转向资产运营的角色，这其中角色转变带来的文化冲突将尤为突出，除去这样的企业内因不再赘述，存量市场在定位校正、租户替换、运营策略、渠道、手段的调整以及新消费、创新业态认知、新技术应用方面，都存在着开发人员过多、运营人员不足的现实困局。

如何更了解并引导新消费、如何更高效地整合资源和集约团队、如何提供更个性化的服务，成为精明增长期的核心问题，互联网带来的 2C 思维和即时平台连接技术都为这些核心问题提供了更高效的解决方案。

（3）新消费升级向实体商业提出更亲密的关系需求

新一代消费的个体生存安全感提升，促发了个体价值的诉求增强，他们对情感化服务有了更深的诉求。无论是百货的二房东运营状态，还是购物中心有流量无成交的旧有运营状况都不利于存量市场的差异化运营需求，难以使项目在高竞争中取得持续增长。其实，实体商业于百年以前就存在个性服务和精细化运营，英国牛津塞尔福里奇商店于 1909 年开业，一本著作这样谈到它的创始人："他深信，要用大张旗鼓的方式去娱乐顾客，用润物无声的方式去教育顾客。"作为长久以来重点研究的案例，这家商店的创始人塞尔福里奇一直都是英国时尚行业的先锋。

（4）品牌价值的重新定义

日本松山市美术馆一草间弥生馆的可口可乐自动贩售机

新消费趋势下，品牌的价值被重新解读，以往夹杂着最新款、抢眼的logo以及居高临下的对话感的品牌档次观已经不是新消费者趋之若鹜的唯一。品牌背后的故事、文化与价值观、更亲近的伴随感形成了新消费对品牌的情感认知。一支圣罗兰的星辰会一夜成为爆款，并不是因为它是圣罗兰，而是因为它赋予了爱有多少的解读和试验男友真心的价值。

2 精明增长期如何增长

在精明增长期，针对实体商业的核心问题有什么解决方案呢？

（1）更了解消费者：大数据论隐退，算法渐成核心竞争力

大数据这个词因为在媒体和言论中的高频出现，已经不再那么神秘和新奇，数据的有效性已经不再需要多言，采集数据的基础硬件搭建更是下沉到了三四线城市，极致竞争和创新的窗口期，再一次让我们领略到国内技术与思维的高速演进。而数据背后的算法，更是成为洞察消费者真实需求的利器。

以“中商数据”为例，其作为商业地产首家大数据应用服务商，通过大数据生成全面深入的用户画像，建立一个能够完整勾勒用户的标签体系。从人的整体出发，除了分析兴趣和基本属性外，还通过行为轨迹勾勒出生活特性，更加全方位地准确地勾画出目标客户的全貌。只用传统调研的10%的时间即可完成，在人力成本极低的情况下，数据准确率则提升90%，极大提升了大数据应用的效率，这对整个行业而言是一次颠覆。

（2）更了解新工具：创造收益和节省成本

新工具的运用也将成为创造收益和节省成本的利器。

以招商来说，传统招商团队品牌资源相对割裂地分布于各个成员中，接洽效率也受制于招商人员的专业和沟通能力，难以更高效地促成品牌与商场的合作。

以互联网信息结构和算法作为底层的“小喇叭”，已经聚集了全国数百

个商场和 320 万个国内外品牌资源，利用相关性原则，通过挖掘商场和品牌的数据，再用标签化、结构化运算来实现智能匹配，以精准撮合来产生价值，从而消除了商业中心和品牌之间的信息不对称，实现精准决策。突破经纪人的“个人经验局限”，通过大数据能实现同场品牌、邻居品牌的识别筛选，并找出存留时间最长的品牌，从模拟到数据，都可以算出来。

3 小结

实体商业经营者总认为互联网抢了自己的饭碗，但现在看来应该转变思维方式，善用互联网工具，不仅可以打破地域竞争的壁垒，还可以从根本上解决企业信息不对称以及效率低下等问题，从而创造收益和节省成本。

随着在实际场景中的应用与迭代，更多的互联网工具将在实体商业的精细化运营中给予更多助力。

二　4 个事实推动实体商业跨越式发展

导语　复杂多变的消费行为、交易数据、广域市场以及竞品数据在提升购物中心业务的应用层面被重新评估，这也引发了商业运营者的强烈期待，大家都渴望从零售的生产制造、供应链路、空间、消费以及交易中获得不同以往的价值。那么，指向未来的真正创新方案是什么，我们又该如何构建它？

复杂多变的消费行为、交易数据、广域市场以及竞品数据在提升业务的应用层面被重新评估，这也引发了跨行业的创新参与者、自守阵地的商业运营者的强烈期待。指向未来的真正创新方案是什么，我们又该如何构建它？今天，奠定未来商业新价值网不可逆的事实已经呈现，以下与大家共同探讨。

1　4 个事实奠定未来商业变化的基础

（1）品牌商和消费者变得日益数字化

RET 睿意德中国商业地产研究中心的数据显示，中国的数字化消费者占比已经超过 60%，而别的国家如美国还停留在 20% 左右。实体商业中，品牌商和消费者是两个关键的参与者，其数字化程度越高，也就意味着国内购物中心的数字化进程速度越快。

（2）数字化先进者与后进方会形成正向促动

无论是云部署、业务数据运营模式架构，还是 SaaS 集成，从线上商城到营销自动化，国内购物中心运营头部企业已经广泛参与到这场数字化创新试验场之中，先入场者获得的增长，会使得存量时代竞争的乏力者更趋于焦虑，也会使更多人进场进行数字化的思考和部署。

从进场者的机会来看，先进者也必然面临早期技术投入高企与收益的不确定性，这种新技术尝鲜者可能并非最终受益者，但会鼓励后进入者在认知和技术日趋成熟时增加数字化投入信心。

当然，这不意味着入场时机不重要，先入场者成为最终受益者的机会也相对较高，最初的投入者虽然可能在数字化的投入产出方面走过弯路，但及早认知到组织和文化的重塑，是在长期竞争中不争的软实力。

（3）消费者不会舍弃线下体验与社交

RET 睿意德中国商业地产研究中心最近三年的消费者分析数据显示，至今仍有超过 70% 的消费者重视实体店对社交和生活的重要意义。国家统计局数据显示，2019 年，社会消费品零售总额比上年实际增长 8%。尽管线上购物仍呈现增长，由于总消费支出的提升，在疫情发生之前，实体商业并未真正大幅削减。以彩妆为例，其在线上和线下双渠道均有增长，2017 年以来，国内彩妆市场年增速超过 20%。

法国老佛爷百货

（4）实体商业必将关注“最前端”与“最末端”

在技术与数据驱动的新商业价值网中，实体商业从传统空间运营商的视角不得不更趋于关注“最前端”与“最末端”，向前直接触达和影响消费者做运营流量的考虑，后端则直指供应链，关注智能制造、IoT、智能仓储等与自身运营连接价值的挖掘。新技术带来的更快速度的信息传输和各环节的效率提升，必然使得新价值网更加紧密、更具动态变化。前端与后端在未来将会变得更加紧密关联，在数据的赋能下，消费者实时反馈的精准需求对供应链将提出更高要求，现时的 B2C 和 S2B2C 会融入 C2B 的反向运营模式与机制。

2　实体商业的 4 个未来图景

（1）品牌商将承担更多的实体创新角色

未来的商业创新将更多地由品牌商承担。目前的实体商业主要角色是空间运营者，难以触及货品层面，因此其与消费者的连接大多通过品牌商去完成。消费者的需求是多变的，对于缺乏 C 端运营能力的实体商业来说，其持续创新的动力也是不足的。

我们熟知的餐饮业态的场景化营销便是典型的由品牌商推动的商业创新之一。近期开业的 SKP-S，我们也观察到了品牌在场景上做出的创新，配合各个区域主题，品牌商提供了相应的环境塑造。

（2）商场与商户数据共享，形成协同提效的运营解决方案

未来的购物中心与商户数据共享，形成协同运营解决方案，寻求相互协同和赋能，会激发利于双方的新合作模式与机制。

购物中心本质上是基于位置进行流量与货品、服务匹配的生意。掌握消费者数据，品牌则对货品与成交数据有深度关联，购物中心共享数据会提升品牌对消费有更广范围和场景下的认知和触达可能。品牌通过与商场数据对接，利于做出更精准的选品决策，某种程度上也促使购物中心更高效地实现

流量转化，产生真正的消费者价值。

（3）场外数据在运营分析中的角色会越来越重要

随着实体商业进入数字化时代，购物中心的决策开始越来越需要场外数据。外部数据对于实体商业来说是一个重要的参考，场外数据的打通将利于自我认知、市场竞争格局认知，以及补充场景和片段式消费行为的不足。

存量竞争进入场外时代，这要求实体商业及早意识到搭建数字化基础设施的必要性，更需要关注的是从业务角度出发，从数据复用和调用角度关注数据标签，从与外部数据衔接等有效数据留存方面更多投入思考，否则会造成创新过程的无效投入与信心受挫。社会发展中，产业变革都遵循着这样一个循环往复的演进路径：代表新生产力的基础设施搭建——供应链优化与终端应用——产生效率、增强信心、应用反馈——不断完善与演进——应用成熟。在数字化进程中，实体商业几乎无法等到“想好再做”，在许多实体商业已经对数字化基础设施进行投入，但投入产出比暂时不理想的情况下，认识到技术 + 行业 Knowhow+ 市场大范围内的应用反馈是校正的最佳组合。图 4-1 是对产业变革演进路径的一个模拟。

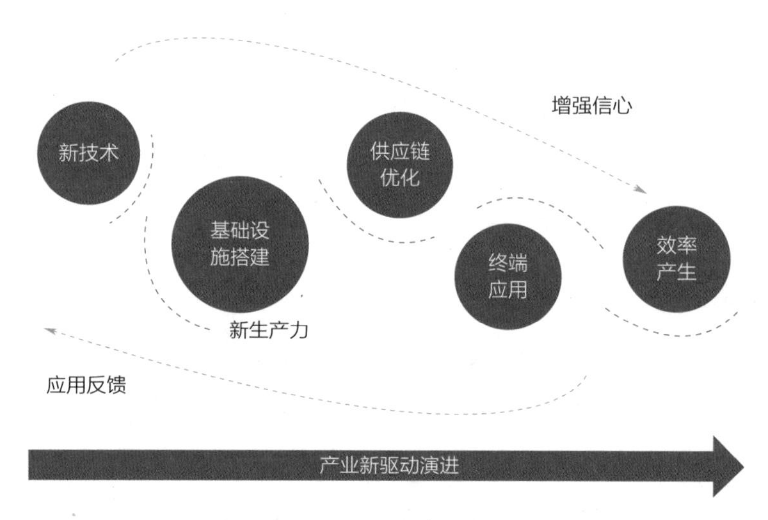

图 4-1　产业新驱动演进示意图

（4）购物中心空间内容需要重新构建

数字时代，购物中心空间内容的重构将成为重要的趋势之一

数字时代，购物中心空间内容的重构将成为重要的趋势之一。当下，实体商业的店铺调整周期长，导致实体商业即使有运营数据支持决策，也会在调整时表现出对市场的应变滞后。

因此，实体商业目前一方面需要考虑更加灵活的租期方案，如更短的租期、更轻的装修；另一方面也需要思考空间功能的创新，数字化时代实体商业的空间形态必将随着服务方式的变化而改变。在美国，预计在2022年，1100家购物中心当中将有25%可能面临关闭或改变用途，实体商业空间的重构不仅在国内，也已逐渐发展成为全球实体商业探讨的共同话题。

3 应对未来的探讨

（1）购物中心尽早思考与品牌商结成共赢联盟

购物中心的本质是基于一定地缘范围做连结消费者与货品的流量运营平台。对于购物中心与品牌方来说，二者服务的是同一个客户群体，数字时代，双方的协同运营能为消费者与货品匹配带来极大的效率提升。因此，购物中心与品牌双方应尽早认识到合作机制的重要性，结成共赢联盟，通过数字手段彼此赋能。

（2）实力运营商的城市扩张聚焦重点城市多点、多产品线布局

未来，实体商业在扩张过程中应专注于城市多点、多产品线布局，以满足对数据采集多样性的要求。过往实体商业的扩张和布局是物理空间上的竞争，而在存量时代，流量越发稀缺、获客成本高昂、实体空间供应过剩的情况下，以往的盈利模式受限，驱使运营方思考转变成为基于地缘范围的多元流量运营。

（3）做供应链竞争中的先发者

实体商业基于场内场外数据打通形成的C2B能力，会有可能在智能制造与供应链优化提效的共同驱动下挖掘新商业机会。在可预见的最远的未来，购物中心的竞争核心会逐步从当下强调的流量数据转向供应链，也就是零售最纵深的竞争当中去。未来每个购物中心都会塑造自己的“买手”能力，基于自身对客户的洞察力，更好地实现需求与货品的匹配。

这与我们现阶段常说的“购物中心百货化”“DTC（Direct To Consumer）营销”有共通之处。相比购物中心，百货进行到这一步也更加容易。虽然在当下看来，购物中心进行供应链竞争还比较遥远，但需要基于对未来的认知，做好成为先发者的准备。

（4）思考线上线下运营带来的全新收益模式

传统的购物中心依靠租金收益，数字时代，购物中心基于地缘运营流量，将转变为一个以货品为抓手的运营商。随着5G商用时代来临，购物中心内数字孪生也将加速，形成消费者在场在线、线上线下协同运营的场景，因此，实体商业作为依靠租赁获利的空间，也将出现全新的商业模式。

未来，购物中心收益模式将更多地考虑到其在线上线下全渠道的贡献，不仅是从线下导流，更要从数据共享、货品的点击与收藏、线上广告信息等方面思考新的生意模型及分配比例等现实问题。

4 小结

数字化是购物中心在当代面临的重大挑战。在遇见陌生、缺乏了解和认知的新事物时，我们都倾向从传统习惯中寻找答案。然而，最快速的成长往往始于被现实狠狠教育后的反思，以往无论多么成功，那些经验也解决不了未来的问题。在时代的洪流前，只有勇敢地在盲区中摸索、不断试错，才最有可能抓住未来的机会。

三　90% 的投入都失败了，5 个数字化落地的重要经验和教训

导语　数字化是实体商业运营赢得未来的必经之路。但事实上，有超过 90% 的数字化投入以失败告一段落。失败是因为什么？那些获得阶段性成功奖励的数字化转型者又是如何做的呢？五个重要的经验和教训会帮助我们更可能获得数字化转型的成功，从而加强数字化运营创新投入的信心。

数据可以提升运营效率，在洞察消费方面大数据分析也更接近真相；数字化是实体商业运营赢得未来的必经之路，这已经成为业内共识，头部企业和尝鲜者纷纷为此加大投入。

但事实上，有超过 90% 的数字化投入以失败告一段落。根据 RET 睿意德中国零售数字化研究中心调查结果显示，过去两年的数字化实践中，各企业集团层面投入上千万元、单项目投入几十万元不等，但结果却不甚理想。

在超过 100 位购物中心运营管理者之中，仅有 10% 的受访者表示自身体系或单体购物中心的数字化投入已经成功的产生价值。

分析失败的根本原因，是因为数字化投入虽然在战略层面获得了认可，却在正确的心态和组织实践方面存在缺陷。这种缺陷又被追求效率的管理层的主观急迫放大，数字化失败也就可想而知了。

这些因数字化转型产生的投入损失并非仅发生在国内，在美国，2019 年初的一项针对各企业董事、首席执行官和高级管理人员进行的调查发现，控制数字化转型风险是他们的头等大事。然而，实践中有 70% 的人未能实现其

目标。2018 年用于数字化转型的 1.3 万亿美元中，估计有 9000 亿美元被浪费了。

那些获得阶段性成功奖励的数字化转型者是如何做的呢？失败者们又是因为什么而失败的呢？对比国内外两份调查研究，五个重要的经验和教训会帮助我们更可能获得数字化转型的成功，从而加强数字化运营创新投入的信心。

1　决定数字化投入前，与战略同等重要的是先确定业务策略

希望通过数字技术来提高组织绩效的领导者通常会想到一个特定的工具，觉得对某项工具的使用可以使企业瞬间领先时代，掌握“机器学习和人工智能的策略”，但是数字化转型绝不止于此，而应以更广泛的业务战略为指导。

例如，利丰（Li&Fung）领导层制定了一项为期三年的战略，该战略中确定其移动应用程序与实体店一样重要。他们选择将注意力集中在三个方面：速度、创新和数字化。具体而言，利丰寻求缩短订货交付期，加快产品上市速度并改善其全球供应链中数据的使用。在建立具体目标之后，公司接下来决定采用哪种数字工具。仅以加快上市速度为例，利丰就采用了虚拟设计技术，帮助他们从设计到采样的时间减少了 50%。利丰还帮助供应商安装了实时数据跟踪管理系统，以提高生产效率，并建立了一个整合来自客户和供应商信息的数字平台。财务部门采用了类似的方法，最终使月底结算时间减少了 30% 甚至更多，并提高了 2 亿美元的营运资金效率。

在国内，进行数字化转型的实体运营企业中，有超过 32% 的企业尚处于推演阶段；即使落地执行，49% 的企业也处于局部推广阶段。数字化系统平台的搭建成为大部分购物中心的数字化转型切入点。RET 睿意德零售数字化研究中心调研显示，有 45% 的购物中心会将数字化系统平台作为数字化转型的切入点；但是对于系统平台部署可能带来的数据安全风险增加、技术复杂难以管控等问题，接近 80% 的购物中心表示担忧。

数字化战略确定后的重要环节是业务执行管理层针对战略与业务结合的

探讨共识过程，对于执行管理层对战略、数字化、业务的深度理解和认知融通提出了较高的要求，也是传统运营组织面临的一大挑战。

2 放大内部人员的价值杠杆

寻求数字化变革的组织经常会招募或聘请大量外部专家和人才，这些技术专家们缺乏对业务的理解，往往以“最佳实践”的名义应用千篇一律的解决方案。但真正奏效的改造组织的方法是依靠内部人员，这些内部人员最了解日常运作中哪些变革会带来更高的效率。

加利福尼亚州某处的规划和发展部门在利用数字化产品重新设计工作流程，目的是提高效率和客户体验。最初，技术顾问根据他们自己在其他地区的经验预计采取分散方法。但是，更接近客户的工作人员基于与居民的互动经验建议更统一的流程，从而对流程的工具、图表和核心软件的关键元素进行了重大调整，尽管这些重大调整在投入与周期方面都带来了损失，但正确的建议带来的结果是流程效率提升了 33%。

放大内部人员的价值杠杆，就要在内部推动团队在数字化学习、人才结构和文化方面加大投入，以决策权和更重要的角色感增加内部数字化推动团队的势能。国内购物中心数字化转型团队可以获得统筹组织内优势资源和决策、执行优先的仅占 22%，仍有 20% 是依赖原有的基础信息部门进行数字化投入和创新，这就意味着在数字化转型或执行中一旦遇到推动原有组织决策机制变革、资源统筹和协同的问题时，其他的平行部门或是更式微的内部团队会变得毫无执行力。

3 以外部视角设计客户体验

如果数字化转型的目标是提高客户满意度和增强亲密感，那么任何努力都必须从诊断阶段开始，要获得客户的深入意见，“以客户的视角”服务客户不是猜想客户所想，而是以客户的心态和视角来看。深度访谈、焦点会议，以及让更多运营角色加入讨论都是不错的做法。无论是指向内部效率，还是以外部客户体验提升为目的的数字化创新，重要的是让数字化团队在与内外部客户访谈、讨论中达成共识，以及将这些共识的感知进行量化，不是评判，只是量化共识的刻度，以衡量精进的程度。

例如数字化运营平台可以实现运营数据和信息的透明化，从而提升执行和决策效率，在运营执行端更需要的是契合运营场景、便利的数据填报上传界面，管理层更需要在数据汇总、一定周期下数据变动以及原因分析方面获得效率。

4 意识到员工被替换的恐惧

当现有的运营人员意识到数字化转型可能威胁到他们的工作，至少是改变他们以往的工作习惯或造成不便时，他们可能会自觉或不自觉地抵制这种变化。如果事实证明数字化转型效率不高，那么管理人员最终将放弃努力，管理者需要意识到员工的这些担忧，增强沟通，请员工参与过程讨论，明确和强调数字化转型过程为员工提供了机会，以提升其专业知识以适应未来市场。

5 将硅谷的创业文化带入内部

硅谷新兴企业以敏捷的决策和扁平化的结构而闻名。数字化转型过程具有内在的不确定性，这些不确定性包括：随时或临时进行更改然后进行调整；迅速做出决定；组织中的各个小组都需要参与其中。传统的组织层次结构成为这些化解不确定性需求的障碍。在国内，购物中心数字化转型推动团队有 36% 采取独立部门的形式开展工作，有 33% 以分散在各运营部门的形式存在。企业在工作流程、规章制度方面也在采取切实行动。调研结果显示，96% 的企业已经开始或者准备开始进行工作流程的优化，71% 的企业正在制定或者准备尝试制定相应的规章制度。扁平的组织结构与独立的部门形式是比较有效的做法。

与其他变更管理计划相比，数字化产品的开发对敏捷性和原型设计的需求更加明显，购物中心的数字化团队管理者决定使用哪些应用程序、从哪个供应商那里采购哪个应用程序、哪个业务部门和环节可以从切换到新技术中受益最大、是否应该分阶段实施和过渡等。通常，选择最佳解决方案需要对相互依赖的软硬件进行必要的试验。如果每个决定都必须经过多层管理才能做出，那么错误就不会被更早地发现并迅速纠正。

前文提到的利丰的数字化转型中，集团创建了六个跨职能团队，每个团队的员工来自中国、英国、德国和美国的不同办事处。这些团队领导了数字化转型的不同阶段。由于这些团队的结构是扁平的，因此他们能够直接向 CFO 以及业务部门负责人提出想法并获得他们的意见。此外，由于来自不同国家办事处和不同职能部门的员工对新建议进行了审核，因此这些团队能够预见实施方面的问题，并能够在整个组织完全采用新技术之前解决这些问题。

数字化转型之所以对这些组织起作用，是因为其领导者回到了转型和变革的常识之上：他们在决定使用哪种数字工具以及如何使用它们之前，着重于改变其成员的思维方式以及组织文化和流程。成员们设想的组织未来将推动技术发展，而不是相反。

第五章

商业新运营：推动增长的力量

章前语

商业运营正在变得更加重要，许多地产公司的商业运营部门被调整到与开发同等重要的位置；专业商管团队也接到越来越多的邀约。在未来，中国购物中心运营者的角色，将从采购和促销员逐步成为整个购物中心价值的盘活者、创新的激发器。其实，这就是企业家的角色。

面向未来，无论是开发企业的运营部门，还是咨询机构的第三方团队，运营人都需要提升多元认知力、把控力和商业洞见，需要以深度思考力和不息创新的精神，与合作伙伴相互启发，共同探索，一起促进行业的高质量发展。

一 从主理人到企业家，新商业运营人的 6 种能力

导语 在技术驱动运营的时代，数据与算法将运营人从低层次的体力劳动中解放出来，运营人需要完成从旧到新的转变，新运营人的能力模型应该具备什么样的素质和运营机制呢？

新周期之下，购物中心内容化运营的新趋势成为业内热议的话题。在看新趋势之前，我们不妨先了解一下历史。

1 商业运营的时代演变

最早的“商业运营活动”长什么样？在最早的时候，商业没有“活动”，更谈不上“运营”。想必一些人还有供销社的记忆。在物资匮乏的年代，商业只有简单的买卖。

后来，有了百货商场，打折跟满减是最常见的活动形式。这还是以“售卖”为核心的活动，其重点完全在“物”上，逻辑是以产品供养消费者。这一时期商场以其招商和品牌的代理能力，将商户聚合在一起，向消费者提供的价值是商品本身。在这个“促销时代”，折扣是百发百中的到场号召力。

再后来，购物中心出现。商场经营模式由联营转为租赁，收入来源从扣点为主变为租金为主，经营者的关注点开始从商品的销售额变为对品牌商的议价能力，客流量、商场形象等指标成为新的关注点。这一时期，出现了大

量“秀场”式的活动，如选秀、明星签售会、时装秀等，而消费者则是作为观众被吸引。在“观演时代”，商业的主题也逐渐演变成以服务供养消费者。

我们看到，在商业越来越丰富的背景下，竞争并未重回价格战，电商连续的价格战已经十分激烈了，消费者逐渐对价格战变得麻木，单一以“热闹”“折扣”为标签的活动已经不能打动人心，相反，消费者更热衷于追求“有趣”“共鸣”等价值观层面的契合。

越来越多的人意识到，商业运营进入了内容时代。商场要提供品种丰富、质量有保障的商品，要提供保证品质的服务……这一切，消费者已经习以为常，也就不再因此感到惊喜。而与消费者兴趣相投、气质相合的“内容”吸引了大批拥趸。我们可以看到IP、宠物主题、电竞主题等新的内容也越来越多，越来越精彩，越来越小众、细分。

2 商业运营的难题

内容时代的逻辑比以往更加复杂，也产生了许多难题。

第一个难题就是优质内容资源太过稀缺。莫奈展、LineFriends（国际创意工作室）等内容大家都知道很好，但这样的资源还不多。即便是在一线城市，活动资源的匹配效率也受到很多限制。

日本松山市美术馆—草间弥生馆

第二个难题是信息不对称，供需匹配效率低。活动供应商市场属于极其分散的低聚集度市场，资源匹配以人为核心，效率低且不透明。对于供应商而言，购物中心推广活动的标准化程度低，与会展、发布会相比，成本高、利润薄、吸引力有限。因而，在活动供应端，以商场活动为主要业务且规模较大的供应商稀少。大型开发商虽可以通过建立供应商数据库解决此问题，但同时也导致了一线从业人员在完成工作时以“省事”为导向，创新动力不足。

第三个难题是活动资源下沉困难，三四线城市营销活动质量停滞不前。如果去二三线以下的城市走一走，会发现许多商业活动无论是审美还是物料的投入，都非常落后。

一线城市出现魔兽热门内容后将近一年，我们才能在二三线城市看到它，热度的峰值与它实际下沉的时间产生了错位。另外，三四线城市小型开发商合同结款方面操作不规范，外来供应商难以与其建立互信关系，活动资源下沉动力不足。

第四个难题则是购物中心推广部高素质人才的不足。举办商场活动主要由购物中心推广运营部门承担，而其从业人员的商品管理能力、市场洞察能力，普遍说来远落后于电商平台的流量运营部门。

近十年虽有大量人才涌入商业地产行业，但高素质人才主要集中在前期岗位上，如开发商的投资和拓展部门、代理行的策略顾问部门等，项目运营团队的整体素质与前期团队有较大差距。

而三四线城市购物中心的高素质运营人才则更为缺失。购物中心运营和推广部门整体创新意识、创新活力比较低。未来运营团队人才智力结构的升级，将成为激发项目生命力与创新能力，决战存量市场的重要措施。

内容创造力没有跟上技术与需求的创新诉求。国内的技术发展速度迅猛，但技术的纯熟没有有效地转化为产业化的深度。在普遍的职业化教育下，人们的内容创造力还没有将技术发展带来的潜力完全发挥出来。

3 技术带来的能力变化

新技术为购物中心内容运营提供了更多可能性。

（1）对投入效果的监控

过去，对于活动效果的评估是很难标准化的，没有清晰的数据记录，要知道某内容真正的产出效果，只有试过才能知道。现在，通过对数据的留存与解读，我们能清晰预判出一个内容的效果。

不仅如此，寻找高传播力、低成本的价值洼地也成为可能。通过数据对比，能抓取到一些成本不高，但传播力比想象中高出许多的内容。

（2）营销内容决策与客群需求的匹配

在过去，活动内容决策容易受到决策者喜好的影响，内容的产出与选择高度依赖人的经验，因人成事，这给活动的成功与否带来了极大的不确定性。

如今，通过标准化的算法，我们可以结合社会热点快速地进行目标匹配，关注活动资源的边界，切合客群的真正需求，降低对人的依赖度。标准化的算法框架也能给创意人提供更有价值的支持。

（3）对推广客群的细分

如果只是单纯地将人群按年龄、性别做划分，我们永远不会真正了解人群的特点，但在今天，技术层面已经可以将用户分为多个层级，并且进行多维度的切分。

比如，将客群按其活跃度与消费频次分为僵尸客群、潜在客群、普通客群、消费客群和 VIP 客群，针对每个细分客群制定营销目标、方案，确定营销费用占比，这就会大大提升营销活动的精准度，收到更好的效果。

（4）促进活动物料的二次流通

购物中心活动物料的二次流通市场尚未打通，虽然标杆项目活动物料的制作成本和创意成本不菲，却多为一次性使用产品，循环再利用的比例极低。主要是因为流通渠道尚未打开，无法在不同项目、不同城市间进行有效衔接，运输、仓储成本较高。

与此同时，三四线城市项目模仿承接一线城市标杆项目活动创意的需求热切，但当地供应商往往难以制作同样规格的物料，导致活动物料粗糙、山寨感十足，但标杆项目的物料却直接丢弃，形成了浪费。活动物料主要由塑料、泡沫、树脂、石膏、玻璃钢等材料构成，材料本身的可回收利用价值不高，被丢弃后又造成了环境压力。活动物料二次流通市场的打通，将增加物料的可重复利用度及多场景适配度，使多方受益。

4 新商业时代，新运营人的能力模型与角色变化

在技术驱动运营的时代，数据与算法将运营人从低层次的体力劳动中解放出来，运营人需要完成从旧到新的转变，新运营人的能力模型应该具备什么样的素质和运营机制呢？通过梳理我们会发现，新运营者成为集技术、创意、管理等技能于一身的人，其角色变得更加重要，从执行到运作角色和视角的转变，新运营人应该是博雅的，其能力模型已经接近于企业家：

- 明确的执行动机和决策力。
- 有自省式可评估标准。要时时记录自己的想法，并进行评估。
- 有更旺盛的好奇心，具有煽动性的热情。
- 善于打败自己的学习机器。
- 有去中心化的联盟式组织管理力。我们可以看到过去的运行机制，一人决策，传达执行，但新的时代我们需要联盟式的网状组织形式，每一个节点都是创意的激发器，每一个节点也都可以成为自组织，与外界合作形成共赢的模式。

许多开发商已经把商业运营部门调整到与开发同等重要的位置，在未来，运营者将成为激活存量价值的角色，在这个背景下，我们的组织形式、我们的能力模型都需要进化。在未来，中国购物中心运营者的角色将从采购和促销员逐步成为整个购物中心的价值的盘活者、创新的激发器。其实，这就是企业家的角色。

二　如何打造高品质的轻资产商管品牌

导语　商管公司打造高价值品牌，就必须通过找准市场位置，并不断强化市场位置上的优势，实现对外的形象塑造。这背后体现的是一个公司的企业观是否完整。在此基础上，如何找到在市场内的“胜利”节点，即是奠定品牌价值的关键。

提起建立购物中心自身的品牌，业内人士始终莫衷一是。一方面，购物中心并非直接为消费者提供产品或服务，难以形成直接印象；另一方面，则是因为购物中心自身商业模式的平台性质，形成了“购物中心没有品牌”的说法。

近年，业内部分商管公司上市成功，获得了资本市场的认可与欢迎。商管品牌的价值再次被重视起来。然而，商管企业的品牌打造，核心是什么？又该由谁来真正负责？

1　商管公司品牌打造背后的 4 个困惑

“轻资产管理”这一命题来自于需求，近两年我们接到多家头部商管集团的邀请，一同探讨商管品牌对未来发展的影响：一部分是希望探究品牌内涵对消费者影响，从而提升收益；另一部分则是看重从地产转向商管，品牌换新提质对规模增长和市值管理的杠杆作用，以期长远受益。在交流时，我们发现集团商管遇到了以下几重困惑：

（1）合作背景沟通困难

商业运营是 ToB 和 ToC 并存的。商管品牌提升并不是快销领域的纯产品营销概念范畴，因此，一般的公关公司、营销策划公司很难提供支持，向这些公司说明行业与自身发展背景，已经很费时间，还未必能达成共识。

（2）诊断发现问题困难

问题被诊断发现，这是一个重要的过程，本质上是内部经过反思产生洞察、团队协作形成共识的过程，需要借助行业 Knowhow 与客观把控力，在商管企业发展战略、产品线或产品、商业规划、品牌营销与组织执行多方面建立共识关联，需要行业第三方团队在极度被信任下达成。

（3）可执行的穿透性解决方案效果达成困难

解决方案需要集团管理层认同，从战略的高度对产品线进行取舍或增减，落实产品线设计支撑。集团品牌在业务执行可达的情况下，协同购物中心招商、营销及服务等产品层面多职能穿透，这对从宏观、中观到相对微观方案的制定提出了不低的要求。

（4）对效果预期客观评估困难

品牌换新后有积累期，如果商管公司的高层不建立高视角的长期主义心态，往往会对眼下单个项目营收变化纠结。所以，若商管集团一把手不对品牌换新的重要性建立意识和评估预期，则难免出现发现问题无力着手的感觉。

2 当我们说要打造高品质商业运营服务品牌，本质上是希望获得什么

品牌于商业而言，是企业与客户之间的价值主张共识；对企业而言，其根本意义在于：通过品牌力，获取超出市场水平的议价力。高品质商业运营服务品牌，事实上需要提供优于比较者的客户体验。

打造高品质商业运营服务品牌，是建立品牌体系的首要条件，需从底层

逻辑建立认知与方法，而这种方法需要具备以下四个特征：

- 高品质意味着可衡量、可比较的优于市场的服务，其所提供的价值、体系及体验感能够被感知；
- 具有经济价值的无形资产。销售者向购买者长期提供的一组特定的特点、利益和服务；
- 可以被人为干预、制造和实现；
- 有明确的有效实施路径。

在RET睿意德所接受的委托中，近年来多了这样一种需求：我们想知道到访的消费者对于项目的看法与我们自己的看法是否一致？发出这样的委托的客户，往往是市场中经营良好的项目。从外部视角来看，正是享受项目经营良好的荣光时刻，然而在此之下却藏着基于长远发展的焦虑。

一方面因为住宅业务的收紧，集团层面施加压力对KPI层层加码；另一方面商业竞争加剧，令人耳目一新的品牌资源越来越少。以上问题可以用营销“三棱镜”法则来看待，即自己认为的自己、向市场传达的自己、消费者眼中的自己。由于内容表达、渠道以及营销手段、代际与文化差异等多因素的干扰，可能其中的“自己”已经变形，造成了品牌内涵在传播过程中的失真，从而造成品牌价值的贬损。

在商业运营管理品牌运营中出现以上情况，就会造成消费、品牌商乃至行业人对品牌的不解与误传，实际招商和营销中会遇到期望的品牌不来、在场的品牌对服务不满，核心消费逐渐呈现流失态势的情况。一旦出现了负循环，就会加剧商场冷清和掉铺现象。

高品质的商业运营服务品牌，意味着商管企业在市场关系中始终积极主动，在谈判中始终处于有利地位，从而化为利润的助推器。

3 商管公司的品牌打造，离不开产品主义精神

品牌说到底是实现商业目的，提高商业活动的匹配效率，为产品赋予溢

价，营销是通过内容传播触达目标客户产生影响的过程。理解了品牌对于商管企业发展的延展助力，就会知道品牌的内涵与外延不是停留在营销口号层面，而是自上而下贯穿了企业战略、发展策略、产品以及营销打法的系统化运作，使得我们不得不关注一系列的问题：

- 我们的客户是谁？
- 我们为客户提供什么价值？
- 客户为什么使用我们的产品而不是其他人的产品？
- 我们如何知道我们做对了？
- 对于商管集团或项目运营负责人来讲，比较关注的是消费者如何看待我们？品牌合作方对我们是否满意？
- 从更全面的维度考虑，行业专家如何认知？
- 合作政府或企业如何认知？
- 品牌合作方如何认知？
- 金融市场如何认知？

……

以上的问题尽管复杂且牵连甚广，但归根结底仍旧需要通过产品作为传达载体，因此产品始终是品牌的核心。

商管作为通过运营实现资产保值增值的服务企业，其产品更应关注成本与价值层面，成本就产品制造和生成过程中利用的资源而言，是可控的，对外是市场需求，对内是能力建设，价值是就策略而言，是附加值和溢价的体现，更多的是在市场认知层面的解读。

只要企业尚在存活发展，品牌塑造就是一场无限的游戏，其目的就是不断地透过策略实现产品或服务的溢价。实现高溢价是打造高品质品牌的目标，究其本质，高品牌权益是超越品牌属性与产品权益的，造就强大的信任和价值，无条件的信任和激活购买。

人们头脑中关于品牌的印象，是在消费者、分销渠道成员、母体公司以及其他影响未来现金流的品牌网络关键成员的头脑中对品牌的一系列记忆。

相比之下，“我们只提供奢华的房间和真实难忘的体验，但并不承诺低价”的宣传策略，使得丽思卡尔顿始终在酒店管理公司中独占鳌头，其中的关键是有关品牌的一切都要回归到产品。

4　打造商管公司品牌，究竟该是谁的责任

在回答这个问题前，我们仍需以终为始地思考的首个前提就是，如果成功打造了品牌，企业可以获得什么？谁是品牌价值提升的直接受益者？

我十分认同德鲁克的话，他曾这样描述品牌的本质：“一个品牌，就是它所能影响到的所有市场关系的总和。”德鲁克揭示了品牌在企业中的实施路径，品牌在企业发展中处于核心战略地位，建立持续的客户基础，差异化竞争优势，实现盈利，是企业资产与价值观的总和。

显然，品牌的价值提升是公司价值的整体提升，获益的是企业组织内的所有人以及企业的所有者，那么答案就显而易见。既然品牌发展在企业发展中处于核心战略地位，自然应该由企业的最高负责人来承担。只有最高负责人才能确保企业通过品牌策略建立持续的客户基础、差异化的竞争优势，实现盈利。利润是企业存在和可持续发展的根本，可实现产品或自身的市场价值交换，这是品牌存活的必要条件。

随着公司的成长，组织对外的任何一个环节都会对品牌价值产生或多或少的影响。这令品牌价值在公司业务流程中的根源变得难以界定，但事实是，一个公司的品牌与其产品、资产、企业知识都不存在直接关联，真正左右着公司品牌发展的是其利润的可持续性。

要先实现如此效果，商管公司必须依托最高负责人的行政力量，以市场需求为起点，以产品为核心，事无巨细地融入整个企业的各个价值创造环节，不遗余力地向整个市场传达其理念与主张。营销的本质即是发现并满足需求的过程，品牌是在这个过程中的市场传达与拉通的助力机制。存量时代，品牌的主要作用是彻底映射至市场地位，成就商管公司的竞争力。

因此，许多公司品牌的内涵往往起源于其创始人的理念与气质。在一个

公司的品牌体系建设中，只有最高负责人才有能力、有责任、有资格为其注入关键灵魂。

5 小结

商管公司打造高价值品牌，就必须通过找准市场位置，并不断强化市场位置上的优势，实现对外的形象塑造。这背后体现的是一个公司的企业观是否完整，完整的企业观自然能够帮助企业建立一个良性的公司理念与消费需求的通道，从而实现高品质品牌权益，建立市场影响力。

对商管公司而言，在消费者一方，商管公司的品牌价值在于能否令消费者在其消费过程中的信任快速建立与对潜在消费者的快速传达；在商户一方，则在于能否激发商户对于项目的信心，所以谈及商管品牌归根结底是其能否促成更高频次、更高满意度、更高交易价格，商管公司的差异化即在于撮合交易的过程中服务能力的差异化。在此基础上，如何找到在市场内的“胜利”节点，即是奠定品牌价值的关键。

三　经济放缓，购物中心要不要缩减营销预算

导语　在过往的数次大经济周期来临时，削减营销预算总是首当其冲地被排上公司议程，然而事实是，在以往的经济衰退中反弹最为强劲的公司反而是那些增加了营销支出的公司。

在地产业增长放缓的大背景下，商业地产也不可避免地受到了波及，在保守策略彻底展开之前，成本控制成了首要的目标，而在诸多被控制的指标中，营销预算则成了首当其冲的靶子。但事实总是与下意识的判断相悖，经济放缓时期的营销投入，反而是影响市场竞争格局的关键要素。

1　最简单直接的降本方式容易适得其反

在过往的数次大经济周期来临时，削减营销预算总是首当其冲地被排上公司议程，然而事实是，在以往的经济衰退中反弹最为强劲的公司反而是那些增加了营销支出的公司。在经济放缓期，增加营销预算，已成为那些成功多次穿越经济周期的老牌零售公司的共识。因为经济放缓期的营销不再是单纯的成本，更是基于长期主义的重要投资。

2008 年金融危机引发经济衰退，英国快消品巨头利洁时（Reckitt Benckiser）在竞品公司普遍削减营销预算的前提下，增加 25% 的营销支出，吸引消费者购买其价格更高、性能更好的产品，结果就是大多数竞品利润下降了至少 10%，而利洁时的营收却增长了 8%，利润增长了 14%。

《哈佛商业评论》在 1927 年经济波动时就曾发表文章，发现营销支出的

最大增长导致了销售额的最大增长。

Buchen Advertising 在对 1949 年、1954 年、1958 年和 1961 年的经济衰退进行研究时，也同样发现：在所有这些低迷时期，减少营销支出的公司都会看到销售和利润的相应下降；即使那些生存下来的公司，仍然落后于那些在营销上花费更多的公司。

1970 年美国商业与战略规划研究所在研究过经济波动与企业的收益关系后称，在经济衰退期间，增加营销支出的公司同时也增加了销售额，而那些没有如此的公司，销售额也普遍下滑。类似的情况在 1981—1982 年、1990—1991 年、2007—2008 年的多次经济放缓与金融危机期间反复上演。

通过总结历史上的经济波动与营销活动的关系变化，我们可以发现的是历史总是惊人的相似，历次的经济波动研究结果几乎是完全一致的：在经济衰退中削减营销只能在短期内捍卫利润线。

那些在经济波动期间削减了营销预算的企业，在经济波动结束后，利润大大降低。而在此期间，加大营销投入的企业，在经济波动结束后的长期利润增长，非但得以极快地恢复，甚至还极大地超过了短期的成本增长。从表 5-1 可以看出，可口可乐、华为在经济波动期加大营销投入，获得较好的收入增长；反之，在经济波动期未采取积极营销策略的公司，营收增长远远落后。

表 5-1　2008—2011 年几家头部公司营收及增长率对比

（单位：亿美元）

公司	指标	2008 年	2009 年	2010 年	2011 年
可口可乐	营业收入	319.4	309.9	351.2	465.4
	同比增长率	—	-3%	13.30%	32.50%
华为	营业收入	1230.8	1466.07	1825.48	2039.29
	同比增长率	—	19%	25%	12%
NIKE	营业收入	186.27	191.76	190.14	208.62
	同比增长率	—	3%	-1%	10%
联合利华	营业收入	593.12	553.52	442.62	464.67
	同比增长率	—	-7%	-20%	5%

2 经济放缓，营销的意义在哪

毋庸置疑，削减预算是控制成本最简单直接的一个举措，但也有可能是最治标不治本的一个举措。营销活动本身在不同的经济周期里所扮演的角色也完全不同。

自营销学随着 1912 年《市场营销》一书的面世而诞生起，至今也不过百年有余。在最早的概念中，营销学与现代的营销原理大相径庭，其实质仍是有关分配和广告的理论。一直到 1937 年，美国市场营销协会成立，吸纳了大量的教师、研究人员和企业人员的参与，才渐渐有了今日营销学原理，并对商业活动影响至今。

真正使得营销学发生了本质变化的，还是在第二次世界大战之后的 70 多年间，随着卖方市场的出现，全球的商业理论也随着更新，营销学也不例外。在全球经济步入卖方市场后，企业的一切经济活动开始围绕客户为中心进行，以更高效率、更高质量地满足客户需求作为一切经营活动的前提。如果仍然按照传统的登广告、上门推销，商品流通的效率就不足以支持企业的成长与发展。在此基础上，营销就成了一门从客户的角度出发，研究如何发现、把握住市场机会，使得企业能够适应环境并扩大业绩的学问。

在此期间，大量的现代经典营销理论开始出现。1960 年，麦肯锡提出 4PS 理论，强调营销的重点应放在产品、价格、渠道和促销四个方面的策略；1964 年在 4PS 的基础上又衍生出了营销组合的概念，指出企业在实际运营产品、价格、渠道和促销四个方面的策略时应形成有效的组合拳。有了 4PS 理论的丰满与优化，营销被正式的定义为：引导商品或服务从供给侧流通向需求侧的一切经营活动。自此，营销活动的战略过程与战术行为层面的价值正式被挖掘出来。

回归到本章的问题上：经济放缓之时，购物中心要不要缩减营销预算？我们就可以从战略过程和战术行为两个方向去思考经济波动周期中营销活动的价值。

如图 5-1 所示，A 阶段正处于经济衰退期，营销活动普遍减少，供应商订单减少，价格同步下降，此时正是企业走向普遍低成本、低利润的周期。B阶段处在经济逐渐复苏的周期，市场需求被释放，竞争烈度也会逐级上升，导致成本与利润同步上升。在C阶段整个市场的规模达到了峰值，利润又会跟不上成本的上升速度，激烈的竞争导致供应商订单达到顶峰，成本也达到顶峰，市场盛极而衰。

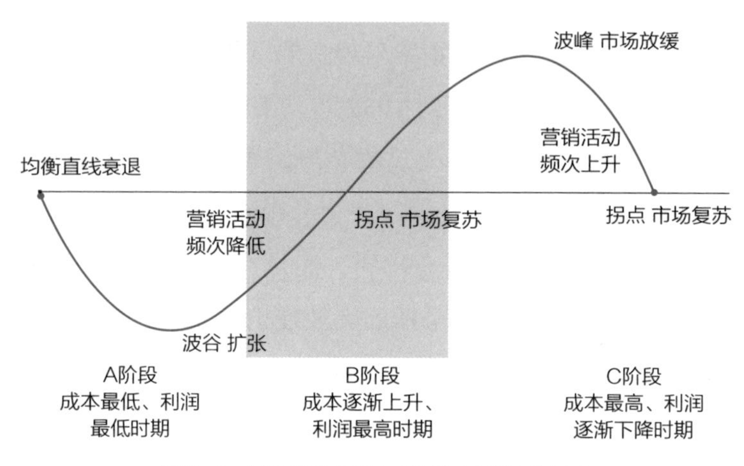

图5-1　经济波动周期与营销活动的频次关系

营销行为的本质即是在市场中的份额争夺动作，需求规模、市场竞争环境与成本的变化导致其在ABC三个阶段中的侧重点完全不同，扮演的角色也自然随之改变。也难怪可口可乐、利洁时等老牌公司对经济放缓期间的营销有应该视作基于长期主义的重要投资的说法。因为此时期整个市场营销活动频次降低，供应商订单减少，议价力弱，是营销活动投入产出比最高的时期。此时期由于市场的整体发展放缓，营销活动频次降低，开展营销活动反而是对竞品影响最大的时期。

如果说在B阶段中，营销活动更多是为了防止竞品抢占更多份额的防守性动作，那么C阶段后半个阶段以及A阶段的前半个阶段，营销则是进攻性色彩更多的动作。一方面以高ROI的营销活动挤压竞品，另一方面则为B阶段的利润增长做前置的战略准备，同时为尚未到来的波谷争取更多市场份额以度过艰难的冬天。

企业在面对经济放缓时如果选择了削减营销预算，可能会有助于保护短期利润，但在经济衰退结束后，这种短视的行为会导致品牌变得更弱，利润更低。同时，营销预算的削减，更意味着切断与客户的宝贵联系。谁在经济放缓期间投入预算于营销，谁就能在经济逐渐复苏的过程中赢得更大的发言权，从而最有能力在整个经济衰退期及以后实现长期盈利。

3　真正该解决的问题是购物中心如何找到营销的价值

购物中心营销预算如何设置？这一问题的关键并不在于预算的多少，而是在于如何让营销动作产生更高的效率。而我们可以把这个问题拆分成更加现实和微小的细节：

- 购物中心营销团队缺少新鲜血液；
- 购物中心营销行为闭环逻辑缺失；
- 购物中心营销的工作场景中，缺少对投入的有效性、渠道策略和结果的客观评估。

以上均是购物中心营销优化所面临的现实问题，这些问题融合在一起，在现实中直接导致了一些令人啼笑皆非的后果。

比如，一批 70 后思考着如何策划吸引 00 后到访的活动；活动实施后，不管来的是什么人，只要场面看着热闹，就可以对着品牌方说："看，我把人引来了，实现不了销售转化那就是你们的事情了。"这种现象令营销活动预算的审批者左右为难，不做营销，客户流失；做了营销，也难以收获皆大欢喜的局面。

如果类似这样的情况重复几次，营销预算被削减，也就不难理解了。如何提升营销行为的效率？我们提出以下几点建议：

（1）为营销团队注入新鲜血液，大胆起用年轻人

年轻人永远是消费最中坚的力量；最亲近年轻群体的，永远是年轻人自己。这也正是国内外互联网公司，诸如阿里巴巴、苹果、字节跳动等公司推

行员工年轻化的重要原因之一。如果一家公司自己的员工都不消费自己的产品，那这家公司的产品永远谈不上亲近客户。对营销团队而言，营销内容即是团队的产品。

（2）增加与品牌的联动，理解品牌、联合品牌

品牌是购物中心内容最重要的组成部分，也是一场营销活动最终能否实现闭环的最终端环节。与品牌联动开展营销动作，是对有效性最好的保障，也是对效果最客观的评估来源，同时还是对消费者最有力的心智影响源泉。营销的本质是引发关注并获得认可的过程，认可是最重要的结果指标，而品牌是认可最重要的载体，更是与消费者联系最直接、最紧密的单元。

（3）聚焦营销力量

购物中心当前普遍存在的营销误区，即是缺乏获得认可的聚焦。

要么一年到头举行的活动屈指可数，要么每月的活动有大有小，天女散花，却忽视了营销的终极目标。一场活动的本质是为了获取消费者的认知还是达成品牌的销售业绩？在经济放缓时，每一分钱的预算都比以往更加宝贵。营销活动散打不如猛攻，伤其十指不如断其一指。集中力量，开展与客群对味、对位（关注客户喜好的同时，也需要关注活动档次的区分）的营销动作，形成场内交易，收获更好的反馈，才能实现良性的循环。

经济放缓时的营销开展向来不易，大周期下顾客的行为往往也随之变化，反映出了环境和需求的同步变化。在这种情况下，企业就必须和客户一同踏上新旅程，改变传达信息的方式与内容，甚至重新设计公司的价值主张。经济放缓并不意味着要停止花钱，而是需要改变花钱的方式。机遇往往与挑战并存，能够在经济放缓时响应客户需求的公司最有可能留住新客户，并同时获得老客户的忠诚度增长。

四　快速招商成功的谈判法则

导语　招商成功是商业项目的资产价值得以兑现和提升的重要保障。对于购物中心，引入品牌合作是一个 B2B 的模式，合作条件的达成本质上是一场具有博弈性质的谈判，在信息和资源日益透明的趋势下，策略性促成招商成功也尤为关键。

招商成功是商业项目的资产价值得以兑现和提升的重要保障，无论是新商场开业，还是在运营项目的持续提优，如何积极有效地引入、保持有竞争的活力品牌都是运营的首要任务。对于购物中心，引入品牌合作是一个 B2B 的模式，合作条件的达成本质上是一场具有博弈性质的谈判，在信息和资源日益透明的趋势下，策略性促成招商成功也尤为关键。

1　什么是谈判

“谈判”一词往往让人有博弈的感觉，因为谈判各方立场不同，角色各异，在最终条件的达成上往往面临挑战和压力。

在招商过程中，商场当然希望租金越高越好；各个业态的品牌则在自己的成本和利润空间下，计算着可承受的租金标准，当然也是希望租金与扣点越低越好。在很多情况下，如果没有中间代理机构角色的介入，很容易洽商失败，违背了“将合适的品牌引入合适的位置”的招商初衷。

谈判的本质是一种交流的过程，在这个过程中，信息发送方通过语言或其他手段，使接收方理解、接受已方的意图并采取某种行为。这个过程中，双方互换角色，相互传递信息，努力用信息影响对方，而另一方也会采取应变策略，形成攻守互换的态势。谈判阶段性的目标是让对方按照己方所期待的方向决策或行事，谈判的最终目标是双方达成一致而合作。

2 谈判力公式

让我们看一下谈判力公式：

谈判力 = 知识 × 谈判技巧

可见，招商不是“对缝儿”，是策略的达成，其中既需要商业和招商的相关知识，也需要谈判策略技巧对促成结果的加持。对于招商人员来讲，既要控制商场方太过乐观的预期，也要应对品牌方因存量供给大而更为强势的态度。所以本质上招商是一个多方谈判，促进成交复杂策略结合的把控过程。

招商谈判因时而易，因事而易，因品牌而易。比如在引入国际品牌与中档品牌时，就存在不同的判断。国际一线品牌虽单价昂贵，但很多时候并不会付高租金，甚至还会向项目方要昂贵的装修补贴，所以很多业主引入这些品牌是“形象至上”；中档品牌虽看起来不耀眼，但可为业主创造较高租金回报，能够做出实在贡献。

了解这些后，才可在业主目标和品牌开店计划方面进行针对性引导和撮合。在实体经营和品牌开店趋于谨慎的时期，以往普普通通的品牌也会提出装修补贴的预期，这在具体招商过程中，就需要建立同一品牌在同城市类似区域、以往经营情况的对标，以便帮助业主推进决策。

经营环境正逐渐发生巨大变化。盲目的食古不化、照搬旧例，只会让成功率一再降低。在国内，原创品牌仍然稀缺，常年来商场一直面临品牌资源相对稀缺的招商难和同质化的问题，遗憾的是很多业主方是因地产开发红利消失而被迫转到商业地产开发和运营，初涉商业招商或经历第一个运营的商业项目时，往往存在体系化的“甲方心态”转为实际上的“乙方态势”下的心理调整挑战。这也为招商成功造成了不小的阻碍。

3 向谈判专家学经验

早期的招商人员，往往在百货时期积累品牌和经验，在品牌长期较为强势的市场环境下，招商人员也往往只将自己当成对接和传递双方条件的角色，忽略了策略的养成。这也是目前招商难的重要问题之一。许多人并不具备逻辑思维和清晰表达的技巧，更没有商务演示的交流能力，结果费尽心力做出的分析和建议不能顺利传达给谈判双方，白白浪费了决策人的宝贵时间。

一般来说，谈判需要的重要能力有：准确且清晰地传达自己的主张，有逻辑地组织并完成自己的意见，而且还要用心聆听对方的发言，也就是要有积极倾听的意识。前提是：无论论调多么精彩，最终传达和接收它们的都是活生生的人。

如果因谈判感到紧张，不妨试试谈判专家的思考法则。

（1）MECE 法则

MECE 法则是麦肯锡的第一个女咨询顾问芭芭拉·明托（Barbara Minto）提出的一个很重要的原则。它是 Mutually Exclusive Collectively Exhaustive 的缩写，意思是“相互独立、完全穷尽”，也常被称为“不重复、不遗漏”。是指在将某个整体（不论是客观存在的还是概念性的整体）划分为不同的部分时，必须保证划分后的各部分符合以下要求：各部分之间相互独立（Mutually Exclusive），所有部分完全穷尽（Collectively Exhaustive）。

MECE 是一条基本法则。“相互独立”意味着问题的细分是在同一维度上并有明确区分、不可重叠的，“完全穷尽”则意味着全面、周密。具体方法是从目标或问题出发，穷尽子项，层层罗列，找到解决问题的办法或路径上的结构关系。如何应用到招商？

举个例子：某项目招商进度未及预期，根据调研分析，核心问题是品牌方进入项目的意愿不足，为什么呢？“完全穷尽”的分析得出五条原因：第一是项目与品牌定位不符合；第二是客群问题；第三是项目硬件条件问题；第四是项目方运营能力问题；第五是租金问题。

再接着追问“为什么”：从第一条原因“项目与品牌定位不符合”往下细分，可以得出这样几条：功能定位不符；档次定位不符；客群定位不符；主题定位不符。第二条原因“客群问题”，则可以细分为“客群数量”和“客群质量”。第三条原因“硬件问题”，又可以细分为餐饮条件、面积、卸货平台、地库高度等。

运用 MECE 法则，可以帮助招商人员穷尽客观变量，针对可能出现的合作障碍，模拟应对策略，从而做好充足的谈判准备。

（2）SCQA 思维工具

SCQA 思维工具实际上是一个归纳总结的方法，用来充分思考谈判对象的情景，最主要是判断对方可能受情景干扰的情绪变化，对于谈判带来的变化和影响。在很多情况下，运用这个思维工具引导沟通，可以迅速找到可影响谈判对象的破局点，突破谈判胶着状态，促进双方达成合作。招商过程中，需要明确谈判对象，是个体还是企业，以及谈判对象的特殊性。

SCQA 的具体步骤：

第一步，Situation，清晰地了解谈判对象所处的情景，如品牌高速扩张期，抑或是保守期。

第二步，Complication，预计打破谈判对象这种稳定情景的可能或障碍，进一步预判如果出现不好局面的具体挑战可能是什么。比如在扩店保守期不积极沟通，谈判周期不确定或容易被拖延；若条件一开始过高，造成后续没有沟通可能。

第三步，Question，反复第三步与第二步，思考谈判对象的关注点，并以真实提问题的方式提出来；这个环节最重要的是思考真实问题，不回避，应对的解决方案需要换位思考，最终合作达成不是靠说服，而是用对方的价值点进行互利沟通。如针对餐饮品牌引入，留有的项目位置欠佳，是否可以考虑给予外摆和相应条件的优惠，或者在广告位和门头的方面给予展示，或是在租金、推广费和物业管理费上综合做最优协商。

第四步，Answer，回答问题。这个答案要针对核心疑问，然后给出能够提高满意度的答案。这时候往往需要用到事前的准备，比如项目发展优势、可能最优惠的条件、横向对标数据、品牌希望进入的另一个项目作为协同招商合作条件等。

4 准备充足，也要警惕招商谈判中的“败点”

谈判前应准备充足，对己方立场、条件底线、项目信息、定位与客群数量以及特点、品牌特点、双方态势、可能出现的僵持等都需要有事先的准备，不然就是闭着眼去打败仗。

另外，沟通时需要做符合逻辑的引导，符合逻辑的前提是应对需求和问题，根本在于“明确的主张”和“论据”，且论据能正确支持主张。一旦对方问出“你到底想说什么”，那你的专业度和被信任值会直线下降，铁定会出局了。

符合逻辑就是要使接收者产生共鸣。“有逻辑”的反面是“依靠直觉”和“情绪”，本质是没有论据，所以尽量避免“我觉得……”。

信息力就是谈判力。招商人员一定是市场上的“小灵通”，能获取及时的品牌和项目变化信息。在谈判时，你了解到的正确、重要的信息，都可能成为谈判桌上对自己有利的筹码。

谈判的态度也很重要。谈判者应该保持低姿态，不要趾高气扬，不要无谓地刺激对手；也不要怀抱“这次谈判必须成功”的想法；谦逊谨慎才是应该采取的态度。同时，要以“坚韧”而灵活的思考能力，在双方均无让步余地的谈判中继续顽强地思考，尽力找出双方都能接受的方案。

假设双方从一开始就存在很大分歧，在这种情况下，最好从存在分歧的课题以外的争论点入手。也就是说，双方应该徐徐增加在谈判中的投资。投资增加得越多，意味着谈判决裂时的损失增加越多（抻的战术）。在分歧过大，对方合作意愿不明时需要果断放弃（剁的战术）。可以采取貌似提问，实则反驳的方法（迂回战术）。

在谈判中，对方的满意度越高，引导对方做出让步的可能性就越大，而为了提高对方的满意度，解决的问题自然越大越好。[1]

---

[1] 参考图书《麦肯锡教我的谈判武器》《沃顿商学院最实用的谈判课》。

第六章

商业增长与城市更新

章前语

城市为什么要改造更新？因为要再生，再次生发对城市发展有新价值的机能和空间。街区改造、商业街活化、都市再生……涉及核心区商业街改造的概念繁多，但探究下来都是“软硬”不适配带来的资产价值贬损，即硬体空间或建筑与城市发展总体经济水平、消费需求这些软性变化不再匹配，造成运营效率低下。原有的经营增长失速，因此需要重新塑造和激活，为重新使资产价值与地段价值相符而引发的系列工程。这就是城市更新的意义和价值所在。

一　当我们说到城市更新，该如何让文化落脚

导语　城市不是钢筋混凝土的堆砌，城市是文化在空间中的凝结。城市也是一直成长的孩子，在不同的成长期表现出不同的个性特征，建筑则恰如其分地反映出这个时期的浮躁或安逸。

我一直不大喜欢“旧城改造”这个宏大的说法。这个词颇有一种居高临下的冰冷感，在这种视角下，城市是建筑材料组成的居所，与人的精神层面没有关系。自20世纪90年代“旧城改造”的风潮掀起之后，我们已经失去了太多文化沉淀出的街区，取而代之的是高大、华丽却千篇一律的建筑，玻璃覆盖下的高楼大厦，看似透明轻盈，生活于其中的人却感受着日渐沉重的区隔。

相较之下，“城市更新”或者如日本的“城市再生”，则亲切许多，城市是有生命力的，这种生命力源自每一个与城市息息相关的居民。城市成为生活的载体，成为承载记忆的场所。人们塑造城市，城市亦塑造人们的生活，在这相互的塑造中起到纽带作用的，是文化。

1　法国里尔：有600年历史的酒店，带你走入“博物馆奇妙夜”

谈及文化之于城市更新，想起曾经游玩欧洲时住过的一家酒店，L’Hermitage Gantois，Autograph Collection，这家酒店坐落于法国北部最大的综合交通枢纽，被誉为“西欧的十字路口”的法国里尔。里尔这座欧洲文化之

都生活着 21 万居民，其中超过 10 万人都是大学生，所以这里的空气年轻且千奇百怪，市民化的手工业和商业氛围浓厚。

与法国大多数城市和区域一样，里尔的核心城区完好地保留了原有的城市规划肌理和建筑，保留了 17、18 世纪的建筑风格，修旧如旧，因城市功能更迭带来的改造项目重新焕发了青春活力。

L'Hermitage Gantois，Autograph Collection 便是里尔城市更新的代表，这家酒店的前身是一所始建于 1462 年的修道院，1664 年改造为护理式医院，

衔接旧体的新建筑保留了哥特式的外形

采用镂空铁艺外包并融入现代设计感

改造后融入现代设计理念的客房走廊

记录历史的博物馆

利用建筑中空打造的花园构成酒店精致的微缩景观和休闲空间

2003年改造成精品酒店，建筑至今已有近600年历史。

这家仅有72间客房的酒店对外不接待团客，旧时的景观散落于各处，有些用玻璃保护起来，有些则是开放式的。因其完好地保留了15世纪的独特建筑风格，又在改造中于空间设计上融入了现代设计理念，功能改变后亦焕发了新的独特魅力，身处其中，似乎置身于“博物馆奇妙夜”一般，但又不会产生设施古旧带来的不便感，文化的驻留与焕新不言而喻。

酒店以两个月作为展览周期，每个周期会展出、售卖一位艺术家或一个主题的艺术作品，展售不收取任何布展费用，但会留存一件当期作品作为永久纪念展示在酒店中。

常年不间断的艺术家作品展为酒店平添了浓郁的文化韵味和持续的新鲜感

文化是曾经的时尚，因此它不是凝固的，带有迭代和自毁的基因，但文化也因此携带了可以凝固时间的要素。新一代人对生活内容的关注来自于自我关注，文化在时间维度上的厚重成为聚集客群的凝固剂。

2　东京中城：日本城市再生代表作

除了欧洲的城市更新，与中国文化十分相近的日本有许多值得借鉴的地方，这其中，东京中城便是日本城市再生的代表作。

中城位于东京六本木地区，“六本木”让人联想起“三棵树”之类的中国地名，“本”为树的量词，直译就是六棵树。但当地有另外一种说法，说是在此建宅的六家名门望族姓氏中均有一个“木”字，故称之为“六本木”。

东京中城所处的地块本是第二次世界大战后美军将校的宿舍和日本防卫厅。2000 年防卫厅搬迁，空出了 10 公顷的可开发用地，2005 年，以三井不动产为首的六家公司中标，开始在此建设一个包括商务、居住、商业等多种城市功能在内的全新的复合型街区，这也是东京这个国际大都市“城市再

透明、挑空的顶棚撑起了宽阔的公共开敞空间

透明的广告灯箱引人注目却又通透，就像东京中城中展示的艺术品，永远时尚，不会过时

无处不在的“竹”的意象，则代表了日本文化推崇备至的竹的精神，即真实与奉献

生”计划的一次大规模实践。

东京中城由三井不动产主导开发，汇集了 SOM、日建设计、EDAW、Communication Arts、隈研吾建筑都市设计事务所等一大批国际知名团队。大师们有着更强烈的价值表达诉求。但就商业来讲，如果开发企业仅想逐利、顾问仅想表达专业、建筑师仅想表达自我价值、品牌仅想展示自我姿态……那将是一个混乱的空间。能有机地集合一众大师的共同努力，东京中城的开发创造了一个奇迹。

而著名建筑师安藤忠雄说：“日本以经济强劲闻名，我们希望向世界展示另一面——那就是设计与美学。”东京中城无论整体还是细节，都在把这个目标贯彻到底。

如果说表参道是由一个又一个随机的、漂亮的句子组成的散文，那么中城就是一篇在动笔前已经斟字酌句、巧妙构思的小说。换一种说法就是，中城有着很明确的设计哲学。哲学是设计的底层逻辑和范式，空间之所以可以营造让人感知的氛围，是因为暗合了目标客群的价值取向。

文化是“偏见”的另一种表达方式，文化的力量也取决于“偏见”的深度，越是纯粹的、极致的文化，就越是排他的偏见，所以文化项目打造就是带着“偏见”做项目，找到它并用细节极致地宣泄出来。

而这个过程中最大的困局则在于，没有能力提供不同。拿喝咖啡的习惯举例，欧洲有着深厚的文化传统，重视美食、度假、咖啡馆中的交流，重视生活本身的乐趣。而美国受清教徒文化影响甚深，人们更重视工作，对生活的乐趣和技巧不甚感冒。所以欧洲有许多休闲舒适的独立咖啡馆，人们在里边一坐就是一天，美国人则习惯在连锁的咖啡馆买一杯带走。近些年来，美国也开始更多地提倡通才教育，而不是技术教育，因为前者包含了如何生活。中国也在面临类似的转变。

3 新现实

城市、社会的发展有快变量与慢变量之分，快变量是技术，而慢变量则是理念、思维、文化。当慢变量跟不上快变量的发展时，许多人的认知一夜之间落后于时代的脚步。“空巢青年、Live House、嘻哈、二次元……”一些新的名词不仅仅是名词，也成了代际的区隔。例如在一些人眼中，这些喜好意味着“颓废的一代”“嘻哈是没有大脑的孩子在节奏快感下的空洞”……这种看法不过是“知识过时后的认知无能”，在理解之前便否定，实际上是给自己制造了安全的牢笼。当新现实、新数据、新趋势摆在我们面前时，直接否定其意义除了能在心理层面给自己安慰以外，并不会产生任何实际价值。

工业革命时代是劳动溢价的时代，科技革命时代是知识溢价的时代，到了互联网时代，认知溢价才是核心推动力。拥抱变化，改变认知，才能建立发展与文化的连接。把人当作目的，而非手段，以文化为城市更新的脊髓，才能让文化熔铸进城市的每个角落，才能让城市成为承载时光之所在。

二 摆脱不了“行政干预”的核心区商业街改造如何创生

导语 核心区的商业街往往在城市的历史轨迹中承担着重要的角色，在区位和交通关系上也因为连接多元而复杂性强，“行政干预”是必须面对的，这就使得如何创生成了一个复杂的系统性问题。

近些年参与了不少“城市更新”趋势下核心区改造项目的实施论证会，发现这类项目在立项初期各方意见常不一致，分析其原因大多分为三种：一是改造方向难以确定，参与各方总是感觉基于区位和过往项目的重要意义，未来角色和定位未得到清晰判断；二是盈利模式，实施改造的一方希望政府给予补贴，但政府认为项目运作应市场化；三是方案实施涉及腾退问题，需要协调街道、居民、原有商业经营各方、相关审批部门，参与方众多，势必在相关政策调整节奏与实施步调上形成挑战。

核心区的商业街往往在城市的历史轨迹中承担着重要的角色，在区位和交通关系上也因为连接多元而复杂性强，“行政干预”是必须面对的，这就使得如何创生成了一个复杂的系统性问题。

今天来分享一些思考和经验，从理念、模式与机制、执行阻碍以及案例方面进行探讨。

1 “创生”的第一理念

城市更新是一种对城市中已经不适应现代化城市社会生活的地区作必要的、有计划的改建活动。它属于城市生长过程中比较宽泛的概念，总结来看是大规模扩张式城市开发后，针对已有建筑物、业态功能、环境、配套与现实发展不再匹配的情况，进行的再开发、整治改善及保护工作，包括房屋的修理改造，区域、街道、公园、绿地公共设施的改善，板块价值重塑，物业功能的改造和优化。这一需求往往从城市化率较高，城市发展适度成熟的一线城市先发，以下列举了各一线城市针对“城市更新”的定义。

- 北京：又称旧城改造或重建活化，是指在社会、经济、环境的作用力下，在城市区域内发生的涉及城市物理形态改变或者土地及其上建筑物利用强度改变的过程。
- 上海：在城市发展中，对建成区城市空间形态和功能进行可持续改善的建设活动。
- 广州：是指由符合规定的主体对低效存量建设用地进行盘活利用，以及对危破旧房进行整治、改善、重建、活化、提升的活动。
- 深圳：指由相应主体对特定城市建成区进行综合整治、功能改变或者拆除重建的活动。

城市为什么要改造更新？因为要再生，再次生发对城市发展有新价值的机能和空间。街区改造、商业街活化、都市再生……涉及核心区商业街改造的概念繁多，但探究下来都是“软硬”不适配带来的资产价值减贬，即硬体空间或建筑与城市发展总体经济水平、消费需求这些软性变化不再匹配，造成运营效率低下。原有的经营增长失速，因此需要重新塑造和激活，为重新获得资产价值与地段价值相符而引发的系列工程。这就是创生的意义和价值所在。

核心区商业街改造属于城市更新范畴，带着过往繁华历史光环的核心区商业街，不仅仅是商业功能的载体，更是在新发展时代，在解读城市角色与文化、引领先进发展方向和生产力、契合新需求方面具有重大的意义。因此上位规划的解读和一以贯之是必不可少的，脱离了城市发展与根脉是无法实现其代言城市角色意义的。相信城市会更好、要复兴商业的繁荣、打造核心区品质需求的好商业街，是参与各方一致的愿景和目标。

日本知名地方实业投资家、经营者木下齐在日本率先提出“没有创造利润，甭谈地方再生”“补助金是毒药”，将自力更生作为地方区域型发展的主要主张和模式的概念性总结。其自力更生体现在，能够自主地实现盈利，而不依赖于政府或者其他渠道的补助，即没有达到盈利目标就不算达到地方活化。核心商业区是地方发展的示范区和地方名片，其发展更是需要以自力更生作为基础。木下齐的创生第一理念是将项目运营当成公司运营来看待，不依赖政府补贴，以初期资源调动—投资—回收成本—获利—再投资的循环链路实现活化创生的目标。如图 6-1 所示。

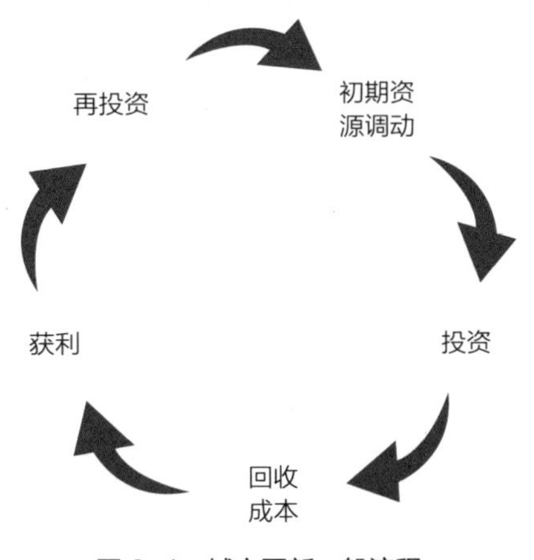

图 6-1　城市更新一般流程

整个循环链条的主体都是地方，像公司以盈利为目标一样，地方围绕着利润最大化的理念，在投资项目中获利，在获利中扩大再生产，而核心商业街更是地方发展的主要着力处。在城市不断更新的背景下，链路中的各步骤彼此紧密相连，又动态地影响着彼此的功能和效果。

因此，核心区商业街改造各方需以总体目标为讨论的依据和衡量标准，时刻对因为角色而产生的分歧进行纠偏，是协同发展与推进工作的重点。接下来让我们一起探讨这里面的核心问题：开发和运营主体及机制的问题。

2　立项前确定开发、运营主体及机制

在城市更新的过程中，如何分权、分责、分利，需要在一开始就确定，否则后续项目推进就会麻烦重重。核心区商业街改造以政府主导，由下属平

台公司或国有企业开发和运营的占比较高，而民企参与的案例相对较少。以上海近期城市更新项目为例，详见表 6-1。

表 6-1　上海近期部分城市更新项目

项目名	开发 / 运营主体
上生·新所	万科上海
幸福里	郭奎（民企 幸福里文化创意产业有限公司）
永平里 / 永嘉庭	上海康世（民企）
黑石公寓	上海衡复投资发展有限公司（徐汇区 属国资）
长阳创谷（产业园区）	长阳创谷（杨浦区 属国资）
丰盛里	张园建设投资有限公司（静安区 属国资）
800 秀	上海静工（静安区 属国资）

可以看到，在上海近期核心商业街区城市更新项目中，大多数都是国资操盘。国有企业权责利划分较为清晰，具有较为完善的企业组织架构的构建能力，相比于民营企业具有更严格的追责能力，利益的分配也会更加明确。国有企业在核心商业街区中占大多数的份额，意味着权责利统一结合、确认主体的重要性。

1998 年 8 月，时任上海市市长徐匡迪主持召开了南京路步行街规划建设专题会议。根据上海市规划局批准的《南京路步行街详细规划》，通过招标，确定由法国夏氏建筑师事务所负责方案设计，同济大学和黄浦区政府负责深化和施工。1999 年 9 月，南京路步行街完成全面改造后正式开通，全长 1033 米。此后 20 年间，南京路步行街历经数次改造，作为知名特色商业街

全国驰名的上海南京路步行街经过了数次改造

而驰名全国。目前的南京路步行街，总计 871 个品牌，9800 多家商铺，独有品牌 13 个，其规模足以实现逛街者的“一站式消费”。

除了国营和民营以外，还有公共私营合作制模式。它源自英国的政府部门与民营企业的合作模式，指政府与私人组织，为了合作建设城市基础设施，或提供某种公共物品、服务，以特许权协议为基础，形成伙伴式的合作关系，以合约明确双方的权利义务，最终希望达成比预期单独行动更有利的结果。该模式既避免了主体模糊带来的权责利不清晰，又更好地利用了私人组织的资源，使得项目更新更加市场化，从而丰富了盈利的可能和渠道。

在日本岩手县几近中央的盛冈市南部，有座名叫紫波町的小城镇，人口仅 3 万多，自 2009 年起该镇在车站前一带推动的开发项目“OGAL PROJECT”，如今已成为公共私营制创造地区活化的样板，受到日本瞩目。

日本紫波町建设的“OGAL PROJECT”受到日本瞩目

首先，“OGAL PROJECT”最大的特征，就是乡镇公所、图书馆等公共设施，与产地直销市场、足球中心等民间设施，都由民间资金开发、运营。不同于传统的由行政机关筹划、开发，再将运营外包的方式，它由民间来背负经营风险，从投资家或金融机构那里取得投、融资，再招募店家经营。紫波镇公所将公有地租给民间，获得了租金收入，而民间设施内创造的租用机会，让地方农产品的流通得以扩大，使农户收入增加。

“OGAL PROJECT”在 2012 年 6 月开业，正中央是镇营图书馆与地区交流中心，产地直送“紫波市场”，餐饮店、补习班、诊所等民间设施也进驻其中。民间以事业用定期租赁权的方式承租该土地，开发所需资金由有志人士出资和地方银行筹措，不使用税金，项目筹划、开发、运营管理都由OGAL PROJECT股份有限公司进行。

公共土地和道路的活用，增加了道路的合理使用方式，既可以创造更多的展示和广告位，也可以在更开阔的公共空间考虑设置临时摊位和移动售卖点，增加了增收的方式。

在行政开支方面，地区预算的设施管理、翻修、市集、制造型零售业的地方素材活用、公共设施道路的利用等，都是在民间有意愿去做，在不依靠行政机关资金支援的情况下实现的，行政机关要做的不是“预算”，而是尽可能地“消除规范”，让民间更容易活动，才能让这些事业更好地发展。把“想做的”变成“能做的”。行政机关扮演“公关”的角色，减少流程、促进活跃。

OGAL PLAZA以“官民合作”的形式打造的公共空间，包含图书馆、育儿中心、贩售农产品的店铺等。OGAL PLAZA以完全不靠补助金的方式，一年吸引上百万人次造访，年营收达70亿日元（约合3.5亿元人民币），其中15%回馈当地企业，建筑的使用费则纳入公共部门税收。肩负营运风险的民间团队，以灵活的业务能力确保资金来源，将人来人往的图书馆等公共设施作为“集客装置”，带来人流，再通过设置产地直销市场，增进当地农产品的流通。

3 城市更新的4个关键

（1）重视合作方

除了确立主体及机制外，城市商业区更新往往也会通过招投标的过程确定咨询、规划和改造实施等合作方。在行政招标之下，选择了不良合作方以及决策失误，当然会造成难以弥补的损失。

选择机制和方法不是造成失误的原因，之所以出现不如人意的结果，往往是在意识方面。

拿咨询举例，每个行业的优质咨询团队可谓是凤毛麟角，这些非常优质的咨询团队本身接的案子非常充足，很难积极参加比稿与招标，因为往往面临“非专业”评委判断“专业”方案的场景。

所以，如果仅依赖行政流程，不在流程前进行深度合作沟通和互访，不对意向合作者进行专业实力方面的调研，仅凭投标述标的表现力，出现误判的概率会大大增加。

睿意德服务过诸多城市地标和头部企业，合作伙伴无不对选择过程极为重视，一把手参与的更不在少数。反之，如果招标方怀抱传统的甲方心态，高高在上的姿态、体制僵化的官僚痕迹，很难想象一旦接手这个项目，在后续进程中合作方能做到尊重信任、精诚合作，也就谈不上能获得满意的成果。

（2）激活项目团队

团队中重要的不是领导者的魅力，而是机制，“征集内部专家”的机制很值得我们思考和借鉴。

目前大多数企业战略管理专家来源于外部咨询机构，内部战略管理部门员工很少被聘为战略管理专家，这一现象很不正常。外部咨询机构固然必要，但其根本还是独立于企业之外，其提供的咨询服务基于一种委托、收费模式的商业化和市场化行为，这样会造成战略的制定主体与战略决策、战略实施主体相分离。

团队运营的机制和利润息息相关。如何创造收入、尽可能节省经费，关注收益、将收益连接到地方的再投资，是能够为地方经济带来变化、创造利润的重要课题。只有把活动本身作为事业才能具备实效。地方可以通过拆分成本构成的方式，对每个成本细项进行监控；强化跨专业，使用创新技术的成本协同节约成本，形成集采集管的经营模式，使得余下的盈余达到最大化，同时盈余应用于再投资，使得运营链条完整。

有必要对有关的目标客群也就是消费者进行一系列全面详尽的调查分析。当你无法定出自己的顾客群，等于不清楚自己在做什么。相比于小规模的一般生意在考虑客群时会进行精细化定位的策略，核心商业在保证尽可能覆盖更多的消费人群的情况下进行客群精耕，是非常值得研究的课题。详细的调查代替了较为主观的自上而下的行政命令，能够与消费的需求更为贴近。

（3）需要怎样的“行政干预”

尊重专业是凡事能做成的一个原则，核心区商业街改造往往是一把手工程。一把手、决策和运营团队管理者的深度调研与参与非常重要。深度调研和交流中，对主导者而言，需要关注在商业街改造实施过程中除角色分工下的运营放权外，格外需要借鉴和参考的是政策的更新、资源调动与协同、多元连接能力的建立，也需要对挑战和可能造成决策失误和损失的相关问题进行深度坦诚的交流。比较常见的是业态调整的审批以及证照办理、利于经营的外立面审批等。

在商业街区活化的过程中，最重要的是在遵循城市重点方向下达到资产运营效率和收益的提升，审核和规范什么“不可为”，而非对变动“一律不许”。只有各自发挥优势才可以确保各方整体获益。上海南京路的管理机制就十分典型。

享有“中华第一街”美誉的南京路，正全力推进街区的更新改造。上海市领导听取南京路总体规划建设情况汇报，同时实地调研，着眼每一处细节、紧盯每一个环节，一草一木的设计、街区色彩的运用、路面步行的体验、购物环境的营造等，都要坚持以人为本、品质为先，精心打造街区亮点，精益求精优化管理，力争达到席地可坐的要求，不断提升中外游客的体验感、满意度。

赫赫有名的南京西路，其运营商是九百集团。其通过商务与商业的协同发展，充分调动和聚集资源，进一步凸显南京西路“国际化、高端化、品质化”的特征。主导者非常重视政策的变动，也据此进行了适时的变动。减税降费政策推出后，税务部门对将进行升级改造的新世界城等，决定上门提供纳税服务减免税。最终，上海市房产税原值减除比例由20%提高至30%的优惠政策，为新世界城节约税款近700万元。

此外，主导方会与前来购物的市民群众和有关企业负责人亲切交流，广泛听取大众建议。在创新中传承、在利用中保护，成熟一块、启动一块。要建立专业高效的支撑体系，统筹推进规划设计、建设开发和运行管理，发挥自身特色，焕新老品牌、老字号，让曾经的“海上第一名园”焕发出新的活力。

（4）盈利

国内商业改造经常对标日本案例，然而很多的误判即是由此开始的。如果仅从表面和已经呈现的事实、成果这类现象中去总结借鉴，而不去挖掘背后的原因和针对如何达到的这类问题进行思考，就会发出错误的意见指导。比如熊本县的发展案例，很多人理解为吉祥物等于地区活化，这可真是个天大的误解。

在日本，不同地区有不同的商店街组织。

除了贡献公共利益的环保主题，属于促进地区活化的一环，同时能不依赖国家或地方政府的补助金，凭借自己的力量不用额外经费，完全利用企业赞助或手头的资金来举办，熊本县可谓表现杰出。

熊本县是一个名不见经传的农业小镇，通过创造熊本熊这样一个憨态可掬的黑熊形象，很快有了巨大的名气，产生了巨大的经济效益。其独具特色的、包含娱乐精神和内容可塑造的 IP，取得了巨大的成功。

熊本县获利的方式是创造收入。机制是横跨所有产业，灵活运用地方有限的资源来创造财源，再将获利重新投资到事业上。必须将 1/3 的金额作为未来投资基金加以累计，再投资到地方。

如今，“IP＋餐饮”的复合经营已经成为主流。餐饮和动漫、游戏、影视周边衍生品的复合体，成了 IP 延伸拓展的主流方式。店家通过场景布局 IP 元素，提高消费者的参与感和体验感，以此吸引消费。

但 IP＋餐饮＋人流的方式不等于运营成功。即便活动期间盛况空前，若参与的企业出现亏损的话就没有意义。

许多餐饮企业会塑造自己的特色 IP，虽然前期依靠 IP 热度可以吸引相应粉丝群，但长期发展仍然要回到最终诉求：体验度、品质和性价比。这说明，运营成功的本质还是产品，即如何激发消费者需求。要让品牌保持持续的生命力，IP 打造也需要与时俱进。不尝试新挑战，就连原本能维持的东西都会变得无法维持。

只有在文化创意上推陈出新，才能保持企业的价值，吸引稳定的人群，保证充足的盈利。

4 常见的城市更新手段

从日本的地方创生和街区活化中，我们可以借鉴一些手法：

- 建筑和文化元素的再利用，形成 IP 或内容再造，打造系统的传播体系对外输出。
- 景观与历史的共生，可具有历史感、现代感和未来感，如工厂建筑物的活化再利用。
- 营造新物产，老字号换新等。如日本小樽的啤酒、鱼子酱。
- 景观的塑造与文化旅游路线的协同运营。
- 邮局盖章和专属明信片打造，售卖专属文创或工艺品。
- 通过组织设计和更新方案大赛，获得公众关注和市民参与。
- 组织社会各界社团的活动，利用主流传媒方式向全国输出影响力。

日本浅草寺周边商店街整体改造后

5 一点思考

（1）心态

虽然心态会让人感到务虚，但这却是一切的源头。城市更新虽然是对存量市场的改造，但仍受一些原有格局的限制和困境的制约，但只有开始时把价值重塑作为主要目标，以盈利作为着力点，才能够把城市更新处理好。

凡是新的行动，一定无法让所有人都能认同。关于创生的想法能否最终落地并有效，并没有人知道，但在决策的过程中多一两个支持者总是好的。重要的不是消灭反对者，而是与伙伴的积极作为。

对于各方而言，本身不参与的市场策划和营销方案而被询问建议时，不要轻率地批评，因为可能获得的信息往往不如方案方全面而深入。创生的许多环节里，什么方法好、什么方法不好，都是没有试过就没有答案的。若有一两个协助者出现，总比仅凭过往经验而随意评判的好。所以若遇到不经深思就批评的评价者，方案方极其容易陷入博弈，而对项目不利。在这个过程中各方如何化繁为简地陈述，明确地引导出大家的意见，找到可能达成共识之处，这样的能力十分重要，这样的努力也值得敬佩。

即使是行动了，也往往不等于成功。这里没有“只要做这项事业，就一定会成功”的简便选项。创生会遇到许多困难，如会受到多方掣肘的压力，历史遗留问题，如概念模糊不定的店或设施，如标榜“为地区居民提供沟通场所”，就是一种典型。城市更新不是一蹴而就的事情，短暂的成功不足以让城市持续焕新。它需要持续地运营，不断地更新，不要仅为了功利加入。

（2）团队

对于未来能够一起做创生项目的同伴，我期待他们是具有好奇心且精力充沛的人。这不是“活动”，是“事业”。我无法和光说不练的人共事，包括抱着“踏上寻找自我的旅程”的心态而来的人。

世上大多数的人对于看似会成功的事物会给予支持，对可能失败的事则不想参与。不过正因为如此，在创业初期小团队成员内心的紧密度与信赖关系相当重要。要在不清楚答案的商业世界里生存，团队是否柔软是非常重要的。虽然不知道会怎么样，但可以将有趣的人聚在一起，可以做着看看。

当然，在团队中，需要摆脱“大家一起”的毛病。若大家开始重视成员间的微妙平衡感，那么就连原本的挑战精神都不复存在了。真正需要的，是在成功以前能共同尝试、发现错误的伙伴，是当自己在精神上被逼到绝路时能一起欢笑的人。和艰难时期逃走、与我们保持距离的人，无法建立信赖关系，也无法创造成果。

作为一个团队的领导者，要时刻把握创生的关键利润，对整个逻辑链条要有整体的思考，记住“投入、运转、再投入”，当然又要有背负风险的准备；要有前瞻性规划，放眼十年后甚至更长的时间段；兼顾“有趣”与利润，有趣往往能够让项目团队更加具有长期的动力。

三　新现实下的社区商业创新思考

导语　社区商业迅猛增长，成为未来商业项目转型重点方向。面对新消费现实，社区商业更是公共社交的机会点，亦是社区氛围和谐的稳定剂，好的社区商业能带给居住区域消费者亲切感与自豪感。新的现实下，国内社区商业进行着多样化的创新。

1　国内商业地产的“新现实”

“新现实”是管理大师彼得·德鲁克在《管理新现实》中提出的，指正处于变化的世界中面临的问题，其现在及未来，在发生变化前就已经奠定了基调。以不同的维度，新现实有不同的解读：

（1）看城市：城市发展再次聚焦核心区

对标亚洲可对比的城市，随着经济和产业拉动，城市发展都经历了从核心区逐步外扩，再从外部回归核心区改造的过程。

发展早期，扩容和产业迁移为新区带来了发展机遇。成都、重庆、南昌等二线城市最早向一线城市看齐，建设发展新区。随着城市经济再发展、特别是转型的需要，以及城市呈现再布局时期，城市发展再次聚焦到核心区。近年来，太原、郑州、石家庄等城市经历着大规模的城中村改造，即是处于这一阶段。这期间，人口也因为城市格局的重组重新进行了分配。国内城市随着经济常态化发展阶段带来的转型需求，因为城市发展战略的不同而呈现了新现实思考。其本质是要重构城市资源分配机制，而商业地产则在这一重构中面临不同的发展机遇。

（2）看消费：消费者价值观改变更加明显

消费迭代，消费升级，特别是在互联网引发的消费价值观转变，这些针对消费变化现象的描述背后，反映出消费意愿、消费力等维度的变化。究其本质是新消费者在追求满足其需求方面对丰富、便利、个性、品质等方面的排序变化，而这一排序还会在经济持续发展的前提下更加复杂多变。

（3）看品牌：品牌面临着重新定位与价值再造的挑战

品牌产品优势、供应链管控与价值主张，是一个品牌的持续发展力。当今消费者越发善变，品牌特别是新生品牌的生命周期呈缩短态势。消费者转向更直白地宣扬自我价值主张，去除了厚重历史沉积的品牌文化，赞同品质的实价。品牌面临着重新定位与价值再造的挑战，获得新消费的芳心也充满了更多的不确定性。核心价值观成为捕获、引导确定消费的利器，也赋予品牌唯一的差异化特质。

（4）看供应：有效供应成为竞争关系的衡量依据

经过市场红利期的以量换价，随着2016年底北京两块住宅用地以开发商100%自持一锤定音，一线城市土地作为稀缺资源的信号终将波及二三线国内市场。

（5）看竞争：竞争被重新定义

新技术及其带来的竞争理念的变化，突破时空与行业的边界，实体与虚拟、线上与线下、行业内与外，不再是传统意义上的垂直竞争，水平竞争使商业人开始担心背后中枪。新现实下，赛跑规则发生了改变，竞争被重新定义。

2 中国社区商业的发展现状与角色的重新定义

面对新现实，国内社区商业不得不变被动为主动思考，从不同的创新维度去面对和解决问题。目前，社区商业发展现状呈现值得关注的新面貌。

（1）社区商业迅猛增长，成为未来商业项目转型重点方向

据不完全统计，2016年全国新开业的项目中，5万平方米以下商业数量占比达22.16%，社区商业增长迅猛。

社区商业和综合服务设施面积占社区总建筑面积的最低比例为10%，按此计算，社区商业建设量应占商业建设总量的55%左右，未来社区商业规模将进一步扩大。

估测2030年城市化率达到66%~67%，预计未来每年将有1200万~1400万人口进入城市，中国将形成2万个以上的新社区。

国外社区商业模式显示，在人均GDP超过3000美元之后，社区商业所占消费零售总额的比例一般为40%左右，有的甚至占到60%。而即使是社区商业相对发达的上海，社区商业也仅占社会商业支出总额的30%左右。据国家有关统计显示，未来10年，我国社区商业的消费将逐渐占到社会消费零售总额的1/3，具有巨大的发展潜力和空间。

（2）社区商业发展历程

20年的社区商业发展，体现了市场化条件下社区商业较强的自我更新能力。随着社会发展，地产竞争加剧，倒逼社区商业开发运营者进入全新的思考维度。

最开始的社区商业其实就是住宅底商，也谈不上业态规划，基本为社区居民提供日常服务，如日杂店、早点铺、理发店等；此后，随着社区人群的增加和小区品质的提升，出现了一些有立面、园林衬托的商业街，此时的社区商业虽然并未独立，但已经呈现了更多元、更生动的样貌，休闲服务类业态开始出现；社区商业的第三次演进，出现了独立商业街，开发企业或运营方开始有意识地进行业态规划，这类社区商业多以休闲、娱乐、餐饮业态为

主；业主方也不是完全散售，而是持有商街部分节点铺面用以展示。

而最新的社区商业已经是集中式的邻里中心与商业街的结合体，形成对外辐射力更强的配套中心。此时的社区商业品牌更全、业态更齐全，业主方也往往整体持有，或持有单体建筑的部分，用来带旺人流，进行更系统专业的商业运营。

（3）重新定义角色

社区商业是区域成长过程中的陪伴型物业，其角色应该在新现实下被重新定义。传统理念中，社区商业是交易、便利、刚需的功能化描述，而面对新消费现实，社区商业更是公共社交的机会点，亦是社区氛围和谐的稳定剂，好的社区商业能带给居住区域消费者亲切与自豪感。从这个方面解读，我们可以重新认知社区商业其实承载了多重角色。

3 社区商业创新启示

社区商业正在被重新定义，全国各地有一批新兴项目正在崛起，探索着社区商业创新的多种可能，下面试着列举几个典型项目以及它们带来的创新启示。

（1）情感商业：区域家庭的课堂与生活场景

代表案例：北京华润清河万象汇（北京华润五彩城）

北京华润五彩城是聚焦于时尚年轻家庭消费和周边商务消费的社区购物中心

社区商业聚焦区域内居民的日常生活和家庭消费场景，打造购物餐饮、娱乐休闲、教育社交于一体的生活中心，着力塑造家庭亲子、和谐邻里、幸福生活等充满人情味的氛围。

北京华润五彩城立足时尚年轻家庭消费和周边商务消费，是集时尚购物、生活配套、餐饮、娱乐、文化、运动为一体的多功能、多主题、地标性商业旗舰。开业以来，华润五彩城实现年均42%的速度增长，而其自主运营的iCool冰酷、SnoopyGarden乐园等特色品牌项目更是成为吸引众多家庭人群跨过四环路、五环路远道而来的“新IP”。

（2）理念引领：有意识地引导社区生活场景的转移

代表案例：重庆茶园悦地 MY PLACE

项目定位为体验式精致生态生活中心，承袭了新加坡花园城市的建筑品位，引入国际商业模式，打造了一个以“花园”为主题的体验式多元化购物中心，是茶园新区首个符合国际标准的购物中心。

引进漫咖啡打造文化体验空间，以及ZARA等优质品牌，意在为重庆悦地和南岸区人民带来更优质的生活享受和更别样的购物体验。

（3）IP化的社区商业：以全场景化思维植入IP，引领精神价值观

代表案例：北京住总万科广场

北京住总万科广场定位为精致生活引导者

项目定位为精致生活引导者，致力于为顾客提供一站式都市休闲生活的完美体验，绿色生态的理念及奇幻精致的主题贯穿整个项目。

项目特点优势在于：定位鲜明，业态完善；屡获大奖的village式垂直“街巷”设计；提供教科书式的精细化客户服务；V-club社区社交氛围浓厚。

4 社区商业创新思路

（1）辨势

旧有标准购物中心是工业时代的产物，带有文化属性的个性化的商业是互联网思维的产物。新现实下，社区商业不是规定动作的执行，更人性、更属地、更文化的思考才是根本。

（2）识人

人类部落文化特征，使得人更注重IP价值，价值观成为聚合要素。把人当人看，站在人的角度去找到价值共鸣，以IP价值实现消费者的价值观。

（3）认己

作为时空平台，商业考虑的是促进平台交易转换的价值打造，摒弃交易场所与粗放式发展的思考，才可能贴近目标消费的心理距离。流量入口的思维，可以启发商业连接、流转的价值再认与模式创新。

（4）优术

从短效开发过渡到引导、服务，看重团队的早期培养及放权是可持续发展的前期准备。尽早着手做流量采集的基础搭建与有效积累，是新现实下场所、交易外的新资产汇集，为交换与挖掘做好充足的准备。

四　再造魅力家乡：日本传统街区重生案例

导语　近年来，国内特色小镇建设热潮风起云涌。特色小镇作为“产、城、人、文”四位一体的城市化发展模式，在促进城乡一体化，缓解城市病，打造城市品牌等方面具有明显的前瞻性意义。如何把特色小镇的发展动能从地产开发的路径依赖中解放出来，我们的邻居日本开创的“造町运动”等乡村振兴模式值得借鉴。

经过几年的发展，国内特色小镇领域方兴未艾。2020 年 9 月 25 日，国务院办公厅转发国家发展改革委《关于促进特色小镇规范健康发展意见的通知》。这份文件肯定了特色小镇建设方面的成果，并针对建设中出现的概念混淆、内涵不清、主导产业薄弱等问题提出规范化意见，要严控特色小镇房地产化倾向，杜绝以“特小镇”之名单纯进行大规模房地产开发。

2020 年，我国人均 GDP 超过 1 万美元，几大城市群的顶层规划越发明朗，国内的城市化进程进入更高质量的发展阶段。特色小镇作为“产、城、人、文”四位一体的城市化发展模式，其在促进城乡一体化、缓解城市病、打造城市品牌等方面的前瞻性意义更加凸显。

如何把特色小镇的发展动能从地产开发的路径依赖中解放出来，实现文件中提出的、依托不同地区区位条件、资源禀赋、产业基础和比较优势，合理谋划并做精做强特色小镇主导产业的发展模式？

我们的邻居日本也曾面临同样的问题。第二次世界大战后，日本经济高速增长和快速城市化，导致资本和人口大量涌向城市，地方人口向大城市迁移，出现了地方人口稀少、中小城镇和农村日渐衰退的局面。因此，20 世纪 70 年代以来，日本社会掀起了一场“社区营造”的浪潮，不仅推动了落后地区的设施建设、景观维护，更将各地的文化特色发掘出来，对城市化的高质量发展起到了重要作用。其开创的“造町运动”等乡村振兴模式对国内的特色小镇建设有不可忽视的参考价值。我们撷取了颇具参考性的三个案例，共读之。

1 小樽：你的家乡可能也有一条这样的河流

（1）小樽运河改造的背景

位于北海道的小樽，是日本明治维新时期发展起来的城市，因位于煤炭输出港与铁路线端点交会的枢纽而获得发展机会。作为札幌外港的小樽山地较多，城市发展空间有限，于是在 19 世纪末期开始便进行了大规模的填海造陆工程。1914 年当地开凿了宽 40 米，长 1324 米的小樽运河。小樽运河两岸形成了颇具时代特色的建筑群。

但随着港湾设施的现代化，大型吊车的引进使得小樽运河逐渐失去了经济价值。河道失去维护后成为一条淤泥汇集的臭水沟。20 世纪 70 年代，新的城市发展规划决定将填埋运河，建设成为都市交通干道。1972 年，随着施工前的清理整顿工作进行，小樽运河与两岸被掩埋的风光又崭露头角。重新

小樽运河两岸

评估其价值、改变道路建设规划的想法在市民中流传开来。最终，当地成立了“小樽运河保存协会”等组织，开启了多年的小樽运河保存运动。

（2）小樽运河改造的成功经验

关于小樽运河改造的成功经验，大致可以总结如下几点：

第一，市民参与为运河改造的成功奠定了基础。

市民参与是小樽运河保存运动中最令人瞩目的成功经验。

1973年，24位小樽市民组成了“小樽运河保存协会”，通过倡议“重建自己的家园”，引发舆论关注，吸引了大量市民的直接参与。1975年，札幌“小樽运河思考会”、东京“热爱小樽运河协会”也相继成立，使得这一运动成为日本全国共同讨论的话题。

不断推进市民参与，为小樽运河的改造提供了人才、资源、资金以及行政方面的支持。到1983年，由市民代表与各界精英组成的“小樽运河百人委员会”成立，为小樽运河成功改造奠定了基础。

第二，文化学习活动成为发掘与传播小樽运河价值的重要手段。

通过文化学习活动对运河及两岸的历史文化进行发掘，运河改造运动引发了“环境的教育力量”的相关讨论，并持续教育年轻一代，培育市民对这一社区文化的认同感。

1978年开始的小樽港都庆典中，当地在广场和历史建筑群举办文化教育活动，吸引了超过300万人的参与。多种文化教育活动使得小樽运河的历史文化内涵不再仅仅是博物馆中的展示物，而更多地与城市文化认同有机融合。

第三，通过官方、民间、学界的对话形成政策与法律法规的基础。

在运河保存运动的初期，小樽市政府仍坚持采取填埋运河的方案，但随着历史建筑的价值被不断发掘，官方的态度发生了转变。在北海道知事的推动下，由官方、民间、学界共同参与成立了“小樽活化委员会”，通过持续的对话形成调研报告《水景21》，对历史建筑物进行了勘测统计，为行政法规的出台提供了依据。

随后当地相继制定了《小樽市历史性建筑物及景观地区保存条例》以及《发扬小樽历史暨自然之社区营造景观条例》等文件，从小樽运河的保护起步覆盖全市景观区域，并细分为据点式景观兴城地区、重要眺望景观地区、历史性景观地区、新都市景观形成地区、港湾景观形成地区等分别加以详细规划。这些政策条例从点到面为景观提供了规划与保护。

第四，运河景观的塑造与文化旅游业的发展。

60盏煤气路灯灯火微明，点点海鸥驻足的运河景色，成为闻名全日本的小樽风景代表。日本知名导演岩井俊二的代表作品《情书》也将运河作为取景地。小樽成为大受欢迎的观光胜地，游客数量从1985年的270万人到1992年的500万人，呈不断上升的趋势。

运河两岸的历史建筑群也得以有效利用。仓库被改造为酒吧与餐厅，洋馆被改造为工艺品店与大型玻璃工房，“小樽啤酒”等一批当地物产也随之成为知名特产。这座人口不足20万的小城市在航运贸易大环境变化后一直被称为“夕阳都市”，但随着运河的改造运动发展起来的文化旅游产业，为小樽注入了新的城市发展活力。

（3）案例小结

小樽运河与国内许多城市中的河流一样，在工业建设时期起到了航运、排污的经济作用。但工业在城市发展中退潮后，河流失去了实用价值，成为被废弃的臭水沟，甚至被视为交通的障碍。政府从经济发展的角度选择填埋等处理手段虽然看似更加直接高效，但并没有获得当地居民的认同，也导致了小樽运河的保护措施在一开始的三十年时间反复被推倒重来。

在通过大量的讲座、活动以及各方对话后，政府与相关社会组织充分了解了民众诉求，制定了更加符合人心的改造方案，许多市民在小樽运河的改造中主动贡献了自己的力量，对后来的改造产生了巨大的推动力，使得后来的改造在十年时间内便获得了巨大的成功，甚至扭转了一座城市的发展轨迹。

时至今日，国内在建设、改造方面的能力已经远远强于20世纪的日本，城市河流的改造也很少再采用填埋的方式，而是以建设城市生态区域为思路对河流进行再开发，但如何唤起当地居民对生活环境的归属感，凝聚人心共识，调动民众参与到河流改造中，让一次城市河流改造成为整个城市的活力之源？小樽运河这个几十年前的案例对我们仍有借鉴意义。

2 足利：一群中小企业主推动家乡再生的责任感

（1）足利城市活化运动的开端

足利市位于日本中部，是建立了室町幕府的足利氏一族的发祥地，拥有丰富的历史文化遗产，包括：足利氏家宅即日本国家历史遗迹鑁阿寺，始建于平安时代日本最古老的综合大学足利大学、最古老的孔庙，以及江户时代古纺织业遗迹，代表宗教文化的足利织姬神社、日本三大毗沙门天之一的大岩毗沙门天王寺，日本三大音头歌曲之一的八木节发祥之地八木宿等。

1980 年，足利市政府与市民共同发起“推动具有特色的社区营造会议”，将这一工厂建筑群评选为保存活用的历史建筑。但是到了 1985 年，政府突然宣布将这一区域重新规划为企业开发用地，强行将尤尼斯特工厂的所有建筑进行了拆毁。

在这场以失败告终的建筑保护运动中，以当地企业家为主的市民组建的“原尤尼斯特工厂遗址活用思考会”成立。在保护运动失败后，成员对失败的经验加以反思总结，发展成为“足利未来俱乐部”。这一俱乐部以足利相关的热心活动人士为核心凝聚成一个非正式网络。后来，在这一组织的发起与持续推动下，当地市民对全市的历史文化进行了梳理，对各类景观、建筑加以修整活化利用，并推动了当时的日本国土厅、足利市政府等对文化财产的复原、保护。

（2）“足利未来俱乐部”等机构的做法

以足利市企业家为主的市民组建的“足利未来俱乐部”在城市活化方面

采取了以下一些措施，并收到了良好的效果：

第一，由市民组成稳定的组织，为城市活化提供持续的资金与推动力。

在尤尼斯特工厂遗址的保护过程中，足利便形成了以企业家等当地市民为主的稳定组织。这一组织持续发展壮大，凝聚了各界力量参与足利的城市活化运动。

在资金方面，遗址保护组织发起了将数万块“大谷石”一块块买下来的“一平地主”等活动，为遗址保护募集资金。后来基于此发展出来的“足利未来俱乐部”更以会费的形式每年为城市活化运动募集360万日元的经费。在社会活动方面，“足利未来俱乐部”连接了政府部门、志愿者团体、城市活化基金会等各类组织，并牵头推动发起各类活动，为足利的城市活化运动吸引了大量的市民参与以及舆论关注。

第二，以“大家来圈选足利百景运动”为代表的各类市民活动。

“足利未来俱乐部”发起的各种活动中，尤以“大家来圈选足利百景运动”最具代表性。1990年足利市政70周年纪念时，这项运动被发起。通过这一市民广泛参与的活动，大众更加了解与认同自己生活城市的历史文化与景观，城市活化运动掀起高潮，市民组织起了“足利百景推广协会”，并出版了市民的摄影作品集《足利百景》。

第三，工厂建筑物的活化再利用。

虽然尤尼斯特工厂建筑的保护以失败告终，但此后持续的城市活化浪潮却促使更多的建筑得以活化再利用。如足利曾经最大的纺织出口工厂木村纺织厂便被改造为公民会馆、城市聚会厅、足利纺织博物馆等。受到英国社区营造运动的启发，“足利未来俱乐部”还筹建了“足利·红砖信托基金”，吸引了近400人参与资金投入，用以改造占地15000平方米的建筑群。

第四，利用主流传媒方式向全国输出影响力。

1992年，电视是日本最主流的媒体。由足利当地不断推动，日本NHK电视台制作并播出了以吉川英治的《私本太平记》一书改编的大河剧《太平记》（日本长篇历史正剧），该剧主要叙述了室町幕府的建立者足利尊氏的一生。在这部大河剧的推动下，全市观光游客数增长了 3 倍，足利的城市活化运动也得以闻名全国，成为发挥历史特色盘活城市生命力的典型。

（3）案例小结

与小樽运河广大普通市民参与推动的改造不同，足利市是一座有浓厚中小企业经营氛围的城市，预见到城市旧产业将走向没落的未来，既是对家乡再生有责任感，也有为了自身企业经营发展的考虑，中小企业主们聚集在一起形成组织推进区域活化、家乡再生。

企业家组织在遭遇了挫败后认识到单一组织的力量始终有限，从而调整了组织的模式：通过会费等形式为家乡的重生改造提供资金，依托企业主们的社会关系形成了介于政府、志愿者团体、基金会、媒体以及广大市民之间的枢纽，发挥“链接”的作用，调动了社会各个部门与阶层的力量参与到足利市的再生运动中。如果说小樽运河改造的核心启示在于激发市民的参与心，足利未来俱乐部则展示了一种以企业家组织为主导力量推动区域活化，并使得包括企业家们在内的当地居民共同受益的模式。

3 津川：发掘区域文化的独特唯一性

（1）津川的“文艺复兴”

津川位于新潟县与福岛县的交界处，是一个因处于阿贺野川中流与支流交汇点而兴盛起来的小城镇。津川由渡口延伸发展而来。有着四百多年历史的津川总体规模并不大，人口最多时也仅仅一万人左右，也没有像足利那样丰富的历史文化故事与遗产，有的只是河川旁一直得以保留的日式传统街区。

1980 年由于公路规划的原因，商业重心向郊外迁移，原有的老街区随着人流量逐渐减少而没落。1988 年，有感于津川中心商业街区的迅速没落，一批中青年商业街商铺经营者聚集在一起，讨论商业街区改造复生的计划，并组成了名为“旧本町再生俱乐部”的团体。此后的两年间，这一团体举行了70余次研究讨论会，于1990年将讨论的结果总结成为“津川町文艺复兴”——共计28页的街区改造方案，包括14个问题以及46项改造意见，对相关的山景、桥梁、河港再生提出修改计划。受限于规划能力，这份方案朴素但不专业。

“津川町文艺复兴”方案被印刷了160本发送至当地的行政机关，但并没有受到重视。但“旧本町再生俱乐部”的坚持却引发了媒体的关注与评论。次年，县政府出面将这一计划进行了完善，形成了十分完备的“津川町文艺复兴PART Ⅱ”方案。这为津川街区成功改造奠定了规划基础。

（2）津川町商业街区的复生经验

第一，以街区建筑最具特色的一点为改造工作的中心轴。

“雁木”是日式传统街区建筑的一大特征。雁木的读音为“TONBO”，原是指港口专用的梯子，也用来代指走道和玄关。直到今天，在津川旧本町两侧的街屋还留存着有一半被称为TONBO的骑楼走道，整个连接起来的步道长达600米。有历史记载，TONBO步道始建于1610年的一场大火后，津川当地人认为，这是日式建筑风格雁木的起源。

津川町复生的方案将这一建筑特色作为开展改造工作的要点。一来是将商店的店招布帘悬挂于骑楼走道内，以增强行人在街区中的游逛感，二来则在骑楼一侧还加设了投信口、自动贩售机等便利设施。后来新建的津川警署等建筑也特别设计成带有雁木的传统日式造型。“旧本町再生俱乐部”的扩大组织“津川TONBO街屋、自然暨文化保存协会”也将工作成果制成的会刊命名为《TONBO通信》，并将津川商业主干道命名为“TONBO道”，以不断强化这一概念，在当地获得了文化认同。

第二，挖掘传统民俗信仰中的文化活动。

1991年，津川町公所连续举办了以街屋考察为主的研讨活动，提出了“适合狐狸娶亲游行气氛的社区营造”的口号。津川自古以来就有狐火的传说。在日本民俗文化中，狐狸是稻荷信仰的象征，标志着丰富的自然资源与农作物的丰收。“狐狸娶亲”则是津川当地传统的信仰仪式，但这一仪式在

1950年后便不再举行。1990年，在商工会的组织下，“狐狸娶亲”的仪式得以复活：在夏季的夜晚，由化装成为狐狸的新娘，穿上日本传统的婚服“白无垢”，在一百多位“狐狸”组成行列中，从住吉神社出发，沿着街区游行。途中由孩童扮演的小狐狸跳着舞蹈祝贺。到了城山桥与新郎相会，在燃烧灯火的水上舞台举行婚礼，并乘竹船到对岸麒麟山上的稻荷神社。

这一仪式以传统故事为线，串起了街区、山景、河港等复生运动规划的目标，在日本“地域活性化中心”举办的1991年度“事件大奖”中获得优秀奖。许多打算结婚的年轻情侣慕名而来报名参加这一活动，发展出了独具特色的婚庆旅游文化。

（3）案例小结

与小樽、足利等城市相比，津川町的人口规模小，其起步也只是因为曾经的水陆交通联系，在现代交通线路建设后，津川失去了原有的优势，发展停滞是难以避免的趋势。但在当地居民与政府的努力下，对原有区域的唯一性长达数年的探索，将本已沉寂的历史遗产挖掘出来，使独特的文化留存焕发了新的价值，也让区域有了活下去的新理由。

4　小结

其实文中的案例，都来自同一本书《再造魅力故乡——日本传统街区重生故事》，作者是西村幸夫，现任东京大学教授、国际古迹遗址会议（ICOMOS）副会长、联合国教科文组织顾问及世界文化遗产审核委员、“亚洲及西太平洋都市保存联盟”发起人等。书中类似的社区营造、街区复生案例，一共有17个，皆源于日本国内小城镇的保护活动家们的经验。

此书的成书时间为20世纪末期，说明日本的社区营造城市复生浪潮是日本城市化建设走向成熟后的产物。而对于2023年的中国，城市化进程也将进入成熟期。人口流动趋于放缓，社区社会也在渐渐形成。在本章中提及的小樽、足利、津川三个案例中，不难发现国内许多中小城镇的影子，它们或许也有一条河流，或许在工业大发展的时代产生了大量的中小企业主，或许资源禀赋并不丰富，或许原有的市镇功能已经不复存在。人们只能背起行囊前往大城市，并在心中感叹家乡再也回不去了，此外别无他法。也有一些小城市通过模仿大城市的经验试图扭转自身命运，却在一轮激进的负债后只换来内容空洞的烂尾建筑群。这本书给我们提供了另一种视角，不盲目模仿大城市，而是调动人的力量去发掘当地的特殊资源禀赋，为走向萎缩的中小城镇赋予活的灵魂。这也是我推荐这本书的原因。希望你也能在读这本书时有自己的见解与收获。

第七章

增长多色彩：商业需要“拿来主义”

章前语

在国内，实体商业被瞬息万变的新技术、层出不穷的新业态、争奇斗艳的新品牌重重加持，极是华丽夺目。但当抛开所有亮丽的包装，里面的内核似乎有点欠缺滋味。此时，我们不妨打开视野，看看世界各国的经验与心得，比如以“人”为尺度的人本精神、对土地经济利用的精确设计、融化在细节中的服务品质、留存区域历史文脉的乡土振兴……

一　现代都市的烟火气，隐藏 50 年的新加坡社区商业典范

导语　若想了解一个城市，最快可能也是最好的方法，就是去看看那里的博物馆和菜市场。一个承载着文化传承和印记，另一个则是实实在在的生活。

在历经蜕变之后，新加坡大巴窑已然成为现代都市中的温情地，希望可以给国内的社区商业打造提供一些参考。

2007 年，新加坡政府推出了“再创我们的家园”（Remaking Our Heartland，简称 ROH）计划。在这个 ROH 计划下，新加坡建屋局系统翻新获选的市镇，改善老市镇的居住环境，为社区注入新的活力。其中，兀兰、白沙和大巴窑是计划中加入翻新的第三批市镇。

不久前，我去了大巴窑地区，感受当地生活。在历经蜕变之后，大巴窑已然成为现代都市中的温情地，便利而舒适的社区给我留下了深刻的印象。将这个案例整理分享，希望给国内的社区商业打造提供一些参考。

1　从“东方芝加哥”到社区温情地

大巴窑是新加坡建国初期建设的第一批组屋。在经历了第一代新市镇建设对女皇镇的建设后，大巴窑作为新加坡第二个卫星镇于 1964 年开始被设计和建设。虽然经历了近半个世纪的风雨，但其早期对居住社区与商业关系的缜密考虑和系统规划，仍然不失为一个极佳的社区商业典型案例。

新加坡大巴窑区域

在大巴窑镇的翻新计划展览，即“再创我们的家园”启幕会上，新加坡国防部部长致辞说：“大巴窑过去50年经历蜕变，依然是个充满温情的地方。当我年轻时，大巴窑不像现在这样。有多少人记得大巴窑在20世纪六七十年代叫什么？大巴窑当时因私会党猖獗和犯罪率高，被称作‘东方芝加哥’。但是今天，我很少接到有关大巴窑的投诉，唯有居民投诉说孩子想在大巴窑买房子住，但屋价太贵。”

大巴窑的欢迎标牌

在制定新加坡整体概念规划的同一年，大巴窑开始进入整体协同规划阶段。6 年的时间，政府将散落的工厂、村屋和郊区养殖场整体规划和更新为 12 个邻里区块，涉及约 15.6 万居民，8.5 平方公里。从原有的一房、两房式组屋，到开始出现四房、五房式的大型组屋，由此也搭建了更丰富的居住型消费单元。

大巴窑

彼时，被公认较为成功的是对居民区商业的规划布局。大巴窑区的商业呈现三条商业街的布局，商业空间内部衔接便利，区域内拥有多家购物中心和百货，也更好地实现了服务覆盖居民。

在我所去的这个区域中心，新加坡建屋发展局 HDB HUB 同时连接了一个购物中心、公交车与地铁枢纽中转站、商业街，围绕着居住区域，完成了商务、商业、公共服务和居住的功能合一，这也是新加坡社区设计的缩影，从中可以看到许多值得借鉴的关键点。

（1）外部交通结合 TOD 模式，社区和公共交通的融通

大巴窑旺盛的人气受益于便利的区位交通条件，以及对于先天条件的合理利用。

这里拥有新加坡最大的空调室内巴士站，是本地首个连接地铁的冷气巴

士转换站。从居住区仅步行五分钟即可到达巴士站，地区线路可直达乌节路等中心区域。

连接地铁的冷气巴士转换站，新的便民设计考虑到新加坡热带气候因素，在舒适的室内空间即可实现换乘

大巴窑规划采用了TOD模式的优点，邻里中心结合了快速路和地铁站的出入口，集约便利性优化了新市镇中心的公共设施布局，充分缓解中心城市的高强度开发压力，为居民出行提供了极大便利。

邻里中心结合公共交通出入口，为居民出行提供了极大便利

（2）政府职能兼顾，辐射范围更广

人们来到大巴窑的目的不尽相同，目标消费范围加大，而因此能够弥补商业人口的空缺。以HDB为核心，大巴窑同时结合多个政府公共服务职能，加大辐射，使社区之外的人也常出入大巴窑地区，带来了社区外的消费人群。

HDB 一层是公共服务信息平台，二层提供交易功能，三层则提供设施服务功能

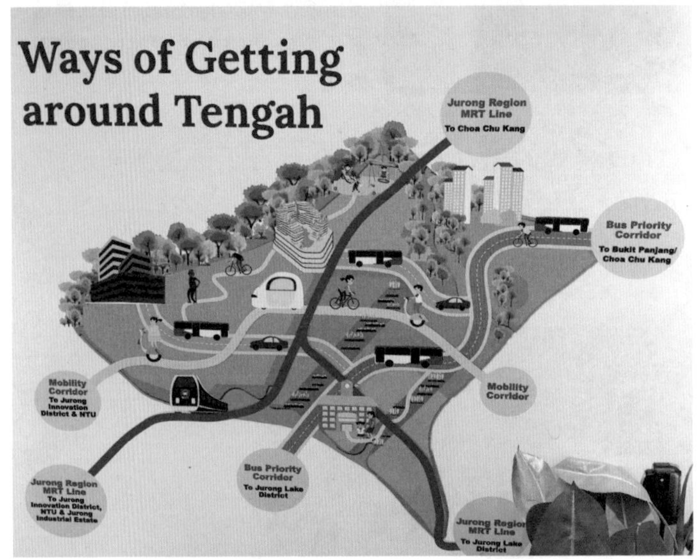

有趣的导视图

清晰的楼层导览

从高层连廊处看整个 HDB HUB 的交通连接关系

（3）满足生活场景的需求

社区商业所担负的任务，在于构建理想生活的样貌，让人们既能脚踏实地，又能实现怡然生活的梦想，各式的生活场景需求就成为这个体系中的必要存在。

在这个区域，涵盖咖啡、标准餐食和节日套餐，拥有送餐功能，低价超市和普通超市同时设立，供不同的消费选择。涵盖从水果、蔬菜到服装、百货，从家电到首饰、眼镜，从餐饮到美发、美甲，日常生活的各个服务门类，居民只要下楼步行五分钟左右便可到达。

HDB HUB MALL 的入口

连接的外部商业街

种类丰富的餐饮业态，提供堂食、外带以及节日套餐的服务

（4）商业与其他配套功能的相互协同

通过各种商业形态和功能的集聚，提供日常物质生活、精神生活需要的商品和服务的商业，配套功能的体现更是社区商业的关键。

我在这里可以看到，HDB HUB 衔接了大巴窑体育场、大巴窑公园，其中购物中心也涵盖了大众书局、医疗服务等完善的配套。事实上，最初这里的邻里中心设计仍是不明确的，在改建中逐步增加了服务功能。同时因靠近市中心位置，增加的公共服务功能、配套功能的发展规模超出了新市镇范畴，而成为城市级的中心区域。

（5）设计概念回归“人的尺度”

当城市发展进入由“量”向“质”的提升转型时期，注重人在城市空间中的体验，才能体现规划设计的人文效能。在我们追求视觉冲击和标新立异的当下，实际上，越来越多的设计反倒成为人们只可遥远相望而无实际意义的资源浪费。强调人的存在和人的需求，这是国外优秀的社区商业模式最值得借鉴的方面。设计的尺度决定了设计的目的，而我们始终是围绕人的需求，不只是为问题提供解决方案，更是提升生活品质的保证。

与 HDB HUB 的连通通道

值得学习的是，在新加坡的城市设计中，生活配套功能永远是放在首要思考的位置。例如我们看到，普遍的新加坡邻里中心的设置位置，距离居住区最远的距离也不过 500 米。这个数字借鉴了相关研究成果，研究显示，温带地区生活的人们，愿意走路的距离是 600 米，而新加坡处于热带地区，露天环境下人们只愿意行走 400 米。但因 400 米的半径过小，而 500 米恰好可以环绕起一个有足够数量居民往来的中心，这也是经济利用土地，同时又足以为居民提供便利的方法。

2　未来的提升空间

以系统的结构形成整体组织，大巴窑邻里是新加坡新市镇规划中的首例。当然，限于诸多历史条件，其中发展仍存在缺陷，所以在新的 ROH 计划下，未来五到十年仍存在提升的空间，也是我们值得去思考如何改变的地方。

（1）增加公园绿地的早期规划

除了商业、公共服务等实际功能之外，新加坡政府也希望通过增添其他元素，令居民生活在便利性提高的同时，也有更多舒适的选择。在新的规划

在新的 ROH 计划下，大巴窑未来五到十年仍存在提升的空间

中，要建造新组屋单位、翻新步行街和民众广场，为行人修建道路顶棚，设置新的自行车架和自行车道，以此扩展，将打造更多绿色空间和无障碍设施，配备邻里公园等供以居民休闲放松的绿色场所。

（2）必要的居民便捷停车规划

过去的新加坡租屋规划欠缺居民停车方面的考量，在新的规划中，在大巴窑建立了整栋停车楼，缓解了土地需求和城市停车的压力，同时，连通居民到达停车楼的路径可以多选，极大提升了便利性。

（3）兼具功能也要设计出众

由于规划的年代久远，许多细节功能已经能满足人们的需求，但在视觉外观上仍需要进一步改造，从而既能满足服务性的根本宗旨，也能装点城市面貌。

（4）提升文化凝聚力的重要性

大巴窑镇中心未来将建起“艺术与历史角落”，用以传承大巴窑的文化和历史。

城市的凝聚力在于人们对文化和历史的共同认知，文化传播是城市软实力的体现，文化也同时对经济发展有着不可忽视的反作用力，这也是社区商业和便利配套规划之外的重要课题。

新加坡组屋采用的“邻里中心”规划，分级配套的公共设施将商业和服务功能集中一体，在为人们提供最大的便利下，满足多方面生活和消费需求。这在大巴窑是最集中的体现，在未来的ROH计划中，大巴窑还将以更新的面貌呈现。

城市发展经历了从核心区逐步外扩，再从外部回归核心区改造的过程。在国内，随着经济常态化发展带来的转型需求，因为城市发展战略而必须面对新现实思考。城市化率的提升促使社区商业迅速发展，预计2030年城市化率将达到66%~67%，预计未来每年将有1200万~1400万人口进入城市，中国也将形成2万个以上的新社区。

随着社会发展，地产竞争加剧，社区商业开发运营者进入全新思考维度。社区商业是区域成长过程中的陪伴型物业，其角色应该在新现实下被重新定义。传统理念中，社区商业是交易、便利、刚需的功能化描述，而面对新消费现实，社区商业更是公共社交的机会点，亦是社区氛围和谐的稳定剂，好的社区商业能带给居住区域的消费者亲切感与自豪感。从这个方面解读，我们可以发现社区商业其实承载了多重角色。

社区商业是社区的会所，承载着居民交往、聚会、待客的功能；是社区的餐厅，是区域餐饮最重要的提供者；是社区的课堂，是提升生活品质、传递正向价值观的能量载体；是社区的管家，提供区域内最便利的生活服务；是社区的博物馆，是区域群体创作交流与视野拓展的窗口；是社区的安全员，增加公共接触点，稳固人群关系，增强区域安全。

最长久的陪伴大概是融入生活，始终坚守，带来朴实却温暖的支持。

二　日本商业为何如此迷人

导语　日本商业蕴含着智商、情商与匠心。

今天,“日新月异”已经无法宣泄当下国人对新技术快速迭代的愕然,“瞬息万变”是更具冲击力的表达。但毕竟,国内商业地产从技术到思维的互联网化还需要时日,在技术大大缩短国内商业地产生态进化周期的时候,我们不妨在大踏步前进的同时,一起从另一个角度观察一下日本商业。

1　商业设计哲学

在建筑设计与场所设计方面,日本商业都表现出很高的水平。“建筑是逛街的对象,对建筑感兴趣的人,应该也会关心战后的建筑。我想需要一个像侍酒师般的人,拥有丰富的评论和知识,告诉大家‘这栋建筑的这里很棒’。只喝一口就能发出许多赞美,过去的建筑评论都没有这样的感觉。”这是大阪市立大学教授桥爪绅也为《有故事的昭和现代建筑》写的书评。

的确,商业是通过建筑与人对话的,有过商业开发经验的人都知道,地段之外硬件问题往往是影响招商结果最重要的因素。互联网技术正在将原本不透明的商业信息变得越来越透明,品牌对硬件的要求也不再是行业的秘密。所以商业设计的好坏,将不再是可容与否,而是适用与否。

哲学是设计的底层范式,日本的安藤忠雄、伊东丰雄、矶崎新、黑川纪

表参道之丘

章、原研哉等许多建筑大师，均首先是哲学大师。安藤忠雄讲究人与自然的和谐，他设计的商业不但经过因地制宜的思考，更会将未来融入的人群考虑在设计的环节中。

原研哉先生主张用设计和文字表达思想，其与众不同在于强调事物的原始状态，坚持事物的应用场景化设计，相比天马行空的创意家，原研哉先生的设计更有人性光辉。在设计松屋百货的时候，原研哉先生提出了“无何有”，“无何有”就是什么也没有，这种空无的状态被填充之后却可以传达完整的信息，呈现融合之美。所以一反商业设计中以品牌为主的场所设计，原研哉先生设计简洁的松屋百货与品牌一起传达高品质的生活气息。

2 以人为尺度的细节

“人是万物的尺度，是存在者存在的尺度，也是不存者不存在的尺度。”这是普罗塔戈拉最著名的哲学观点。

同样，商业不会因为建设起来就有理由存在，而是应需而生，因为满足需求而被需要，得以持续发展。

层次丰富、尺度舒适的表参道副街

具有坡度可以自动补货的货架、考虑晴雨天气设计的商业街间连廊、以场所为背景、与货品一同提供给顾客参考的解决方案……点滴细节都默默地传达着对顾客的尊重与体贴。很多到日本考察过的开发企业，回国后推出了儿童手推车、急救药箱、手机加油站、宠物看管等服务设施，然而以内心感受出发，从细节上以顾客需求为视角的关注却还远远不够。

比如在下雨天，国内商业往往会为了避免弄湿地板而准备装湿雨具的塑料袋，日本商场则会分别准备擦拭雨具与身体的毛巾，贴心又可再利用。

浅草寺周边可爱的小商铺

卫生间的设计更充分地表现出对人的尊重与关注，商场中会考虑父亲单独照顾婴儿时所需的特殊看护室，为父亲提供更换尿布和喂哺助理，更会从安全和性别需求的角度，于卫生间中安排父母带异性子女共用的设计。女士卫生间则设有卫生巾自动售卖机。

有连廊和屋檐设计的御殿场奥特莱斯

在日本购物中常发生这样的场景：顾客在商场品牌店面反复挑选和试穿了几身衣服，期间售货员会耐心、细致地关照顾客每次更衣，并从旁介绍每款颜色与样式和她个人的建议，最终可能遗憾没有适合的选择，这时店员会深深鞠躬对顾客表达：“非常抱歉！您在这里没有挑选到适合您的东西，欢迎下次再来。”甚至在顾客表达喜欢这个品牌时，店员会推荐区域内同品牌店铺，并会拿地址与图册给顾客参考。

这即是日本商业的尺度，这个尺度唯一的标准是——人，对人的尊重与关注。顾客是谁？在什么情况下可能的需求有哪些？需要什么，他需要什么样的场所，作为消费者不便利在什么地方，所有尺度都是对人的尊重。

3 匠心是生命力的源泉

相比国内商业的后继发展，由于地域狭小和资源匮乏，日本商业从来都是在高竞争的环境下生存。日本商业的匠心来自于职人文化，在这样的文化氛围中人们不惜花费金钱和时间的成本，只接受自己认可的工作，坚持自己的意志。一旦接受了工作，会抛却利益心，一心完成工作。

专注做点心的匠人

2014 年 11 月开业的 Grand Tree 是一个最贴切的匠心案例。开业 13 天，客流突破 100 万，而这个购物中心的面积仅有 3.7 万平方米。作为拥有 7-Eleven、伊藤洋华堂、SOGO、西武百货等公司的 7&i 集团董事长铃木先生，反复对参与 Grand Tree 的员工传达，“最重要的是把 Grand Tree 建成大家乐意来玩儿的地方”。

项目建成、开业也确实通过创新做到了这点：在购物中心规划阶段，经过其他卖场反复试验的切块蔬菜赢得了区域家庭主妇的欢迎；屋顶的花园则从建设初期就通过请区域孩子参与种植、养护的办法养成了家庭到达的习惯；通过新技术，零售品牌做到了 7&i 集团下同品牌货品的交互选购与服务。

三　玫红色的法国老佛爷，朱红色的国内百货，两者到底有何差距

导语　玫红色的法国老佛爷与朱红色的国内百货，在很多方面相互映衬，引发思考。目前，国内百货的生存可谓是四面楚歌，如何实现创新？老佛爷的经验值得借鉴。

透彻无垢的玫红色，被色彩界誉为美的化身，早在 14 世纪便被命名、使用。典雅而不失美感、热门而活跃，法国老佛爷的官网正是使用了这种饱含孕育生命能量的色彩。

朱红色，历史更为古老的颜色，早在 12 世纪便在欧洲被广泛应用。它有个别名叫“中国红”，充满历史感与显赫的情感色调。

法国老佛爷与国内百货，玫红色与朱红色，这是从欧洲考察回来后，同类业态的两种运营理念，在我脑海中映射出的两抹不同的红。

老佛爷百货内景

1 生存优越感与适者生存的压力

与国内在城市发展进程中的规划理念不同，法国与其他欧洲国家一样，都因循于旧有的城市肌理，通过建筑的功能改造来应和社会进步与经济发展带来的城市更新。

1973 年法国公布 Royer 法案引入了政府规划控制的理念。该法案宣布，任何超过 1500 平方米的工程都需要经过一个由 20 名当地政要和零售商组成的委员会批准。此举不但延缓了新增项目的工程进程，更在之后的修订中，控制了城外商业新址的开发。近年来，法国几乎已经没有新增商业供应，老佛爷、巴黎春天等百货也得以保存着持续的优势。

由萨科齐提出的“大巴黎计划”是围绕法国核心产业，延展城市产业格局，缓解核心区压力的城市发展计划。其将巴黎从“博物馆城市”打造为“世界之都”的愿景中，时尚与奢侈成为诸多主导产业中最具竞争优势的产业。老佛爷在巴黎的经营优势正是得益于城市规划带来的生存优越感。

2 让时尚属于每一个人

老佛爷的穹顶

国内有些消费者将老佛爷曲解为奢华的盛宴，而其在世界零售业屹立 120 余年的真正魅力，是在于引领潮流与时尚的驱动者姿态。法国老佛爷自

1893年诞生，在老佛爷现址经营已过百年，成为以时尚风向标著称的全球性的时尚百货，每年接待3700万名游客，占总客群的50%。2017年，老佛爷在原有7万平方米经营面积的基础上，再扩充一栋2200平方米的大楼，以专门接待亚洲区客户。

老佛爷的扶梯

相比“全方位满足消费需求”这类国内百货的使命，“让时尚属于每一个人”实在是一个更明确和贴近消费的驱动型使命，也是更容易深入运营者内心的经营理念。

让时尚属于每一个人

3 博物馆馆长与二房东

像运营博物馆、秀场和剧院一样运营商场，这是法国老佛爷表达和执行的运营理念。运营团队挖掘所有可以利用的空间延展客户需求，利用屋顶改造空间组织演唱会、品牌走秀、举办网球赛事和种植草莓，在商场中售卖种植草莓制作的果酱，这些都变成老佛爷粉丝追捧的购买节日。针对亚洲和高端客户的退税、休息区域，结合线上开展的远程购物和服务都是老佛爷针对重要客户需求的运营实例。

常年可见的各种展览

中国零售正经历着消费变革、技术革新带来的行业冲击。城市发展及人口红利驱使大量商业在同期供应。二房东式的运营因为缺乏对消费变革的敏感而在新竞争中反应迟缓。

4 为朱红添些柠檬黄

相比欧美商业，国内百货的生存可谓是四面楚歌，从坐享收租到闭店停业，国内商业对未来的思考天然屏蔽了百货。即使如老佛爷这种经营百年的百货业领头羊，进入我国发展，面临市场与消费的快速更迭和新技术冲击，其运营效果也难找出可圈可点之处。然而，百货目前在国内的发展现状，并不预示着这种业态的时运将至，添以颜色，加以保养，国内百货类资产盘活不无希望。

舒适的休憩场所

大供应与有限需求面前，给朱红色的国内百货添加哪些思考，会出现靓丽的效果呢？个人认为以下四点是百货未来发展、提高运营效率可借鉴的思考角度：

第一，围绕消费需求不断延展品类和品牌数量。受经营空间限制，快闪店及有效拉动消费转换的运营活动则是更好地利用闲置空间，创造经营效益的方式。

第二，培养自家买手是提升个性化供应与服务的差异竞争力，也将成为未来百货的核心竞争力。

第三，互联网技术及手段可利用在商场营销及服务方面，是在空间和时间上占有消费者心智的有效手段。

第四，属地化的充分思考与个性化经营是跨区域运营的最大挑战，这也是国内连锁百货落地的难点，摒弃过往成功带来的心理因素，利用更新技术采集更充足的数据作为决策支撑。